高职学生工作探索与创新

GAOZHI XUESHENG GONGZUO TANSUO YU CHUANGXIN

DAXUESHENG SIZHENG GONGZUO LUNWENJI（2017 NIAN JUAN）

大学生思政工作论文集

（2017年卷）

主　　编：寿伟义

副主编：汪灿祥　周俊炯　单文荣　陈亚青

编　　委：任红民　戴　雯　曲海洲　马永良

沈先荣　傅联云　何　涛　朱宝宏

柳　浒　陈建松　蔡樟清

镇　江

图书在版编目(CIP)数据

高职学生工作探索与创新：大学生思政工作论文集．2017 年卷 / 寿伟义主编．—镇江：江苏大学出版社，2018．8
ISBN 978-7-5684-0919-3

Ⅰ．①高… Ⅱ．①寿… Ⅲ．①高等职业教育－思想政治教育－中国－文集 Ⅳ．①G711-53

中国版本图书馆 CIP 数据核字(2018)第 186748 号

高职学生工作探索与创新：大学生思政工作论文集(2017 年卷)
Gaozhi Xuesheng Gongzuo Tansuo Yu Chuangxin：Daxuesheng Sizheng Gongzuo Lunwenji(2017 Nian Juan)

主　　编/寿伟义
责任编辑/张小琴
出版发行/江苏大学出版社
地　　址/江苏省镇江市梦溪园巷 30 号(邮编：212003)
电　　话/0511-84446464(传真)
网　　址/http：//press．ujs．edu．cn
排　　版/镇江文苑制版印刷有限责任公司
印　　刷/虎彩印艺股份有限公司
开　　本/890 mm×1 240 mm　1/32
印　　张/5．25
字　　数/134 千字
版　　次/2018 年 8 月第 1 版　2018 年 8 月第 1 次印刷
书　　号/ISBN 978-7-5684-0919-3
定　　价/30．00 元

如有印装质量问题请与本社营销部联系(电话：0511-84440882)

前 言

高等院校担负着培养社会主义建设者和接班人的历史重任，随着社会的变革，新时期大学生思想政治教育面临着许多新情况、新问题，如何加强和改进大学生思想政治教育工作，已经成为高校思想政治工作者不断思考和探索的重要课题。杭州科技职业技术学院广大思政教育工作者认真学习习近平总书记系列重要讲话，深入贯彻中央和省(市)关于加强和改进大学生思想政治教育的文件精神，坚持以立德树人为工作目标，紧密结合社会经济发展和高职院校学生思想实际，积极探索，不断创新大学生思想政治教育工作的途径和方法，引导教育学生德业兼修，知行合一，促进学生成长成才，积累了不少宝贵的经验。

为了进一步提高大学生思想政治教育工作队伍的专业素质、创新能力与科研水平，推动大学生思想政治教育服务、管理、研究水平的提升，增强思想政治教育工作的科学性和实效性，杭州科技职业技术学院每年在组织开展思政教育研究专项课题申报、思政教育工作优秀论文和学生工作创新项目评选活动的基础上，将理论和实践探索优秀成果汇编成《高职学生工作探索与创新:大学生思政工作论文集》一书，形成系列论文集。

《高职学生工作探索与创新:大学生思政工作论文集(2017 年卷)》收录了 19 篇论文，文章涉及高职院校学生思想政治教育、学生教育管理、心理健康教育、就业创业教育等领域，既有对理论的思考探索，也有对实践经验的总结升华，内容丰富，观点新颖。作者均来自学校思政教育工作一线，这些文章虽算不上鸿篇大作，但却是思政教育工作者求真务实、勇于探索、奋进创新的成果，同时也能从中深切体会到学校大力倡导并践行的陶行知先生“爱满天下”“千学万学学做真人，千教万教教人求真”的教育理念，企望广大思想政治教育工作者能够从中获得一定的启发和收益。

在本论文集的编辑过程中，得到了学校党委宣传部、学工部、团委、科技处、公共教学部等相关部门，以及二级学院相关领导和教师的大力支持，在此一并表示衷心的感谢。另外，限于作者与编者的经验与精力，书中难免会有一些缺陷和不足，敬请广大师生批评指正。

编　者

目　录
CONTENTS

思想政治教育

心理健康教育

学生教育管理

就业创业教育

思想政治教育

素质教育背景下解读高校仪式教育

陈亚青

摘　要：仪式教育是高校开展素质教育的有效途径，对于全面贯彻教育方针，促进学生全面发展具有重要意义。当前高校仪式教育作为德育载体还未受到应有的重视，对其概念和育人作用也存在一些不当理解。基于此，从解读高校仪式教育的概念和育人作用出发，探讨高校如何有效开展仪式教育，进而为高校的素质教育提供启示和借鉴。

关键词：高校　仪式教育　德育

一、高校仪式教育的定义

仪式在汉语中多指典礼的秩序形式，比如最常见的升旗仪式。具体地说，仪式是人类特有的一种文化现象，是在特定的时间和地点举行的规定性正式行为；是按照某种既定程序进行的，不断重复且为特定范围内的人们所普遍接受的一种行为方式；是由一系列象征符号聚合而成，通过展演的方式表达共同价值、意义和信念的活动。

仪式存在于生活的各方面，发挥着大大小小的作用，通过仪式，可以让参与者直接表达内心情感，即产生仪式感。仪式感是一种强烈的自我暗示，是高校思政教育不可或缺的一部分。高校的仪式教育特指在高校校园内经过精心设计而固定下来的仪式感较强的教育活动形式，它强调仪式的象征符号，注重仪式背后存在的文化内涵，具有明显的教育意义。

高校仪式教育作为校园文化的组成部分，其形式丰富多彩，结合学者们的不同见解，可把仪式教育归纳为六个基本类型：一是标志类，指标志学生身份和角色发生变化的仪式活动，最典型的是各大高校的开学典礼和毕业典礼；二是纪念类，指纪念重大事件、人物或者节日的仪式活动，如高校校庆、迎新或者元旦晚会等；三是竞赛类，指包含竞争环节的仪式活动，常见的有新生军训、高校运动会、各类颁奖典礼等；四是活动类，指带有较强仪式感的日常活动，如主题班会、座谈会等；五是体验类，指学生在校期间参与的职业教育类活动，如校内勤工俭学、参观实训基地等；六是创新类，主要包括学校根据各自特色开展的仪式活动等。不同类型的仪式活动具有不同的教育意义，仪式教育的分类有助于高校根据仪式的类型和功能充分挖掘并发挥其教育作用。

二、高校进行仪式教育的意义

仪式教育区别于理论知识学习和专业技能培训，它是办学理念和学校文化的有形载体，也是一种以社会规范为载体的价值学习，是对学生进行情感、态度和价值观教育的一种有效方式。高校作为育人场所，其仪式活动自然就成为表达情感和道德的一种主要途径，从而把学生约束为一个道德共同体。高校仪式教育根植于高校，积淀了校园文化，发挥着特殊的育人作用，是高校长期积累的宝贵经验和教育资源。具体而言，高校仪式的育人作用主要表现在以下三个方面：

首先，渗透价值，提升思想认识，强化思想观念。仪式活动本身蕴含着丰富的文化内涵，仪式教育是一种生动的实践性教育形式。高校仪式教育通过营造一个情感色彩浓郁的场所，渲染一种特殊的情境氛围，将素质教育和思政教育恰如其分地融合于具体可感知的仪式活动中。仪式教育作为高校固化的活动和行为方式，具有重复性和长期性，且贯穿于全校师生的学习生活中，影响和支配着师生的言行。通过高校仪式教育的价值渗透，一方面，师生聚集在一起容易体验到共同的参与者身份产生的集体意识和荣誉感；另一方面，学生也容易潜移默化地接受并逐渐内化为自身的价值追求，从而有助于进一步提升学生的自身道德修养，培养学生自由全面发展的道德人格。因此，高校仪式教育具有传递价值观、提升思想认识、加强道德修养的育人作用。

其次，规范行为，凝聚师生情感，构建和谐校园。高校仪式教育主要针对学生，并且经过精心筹划，往往会对参与学生的行为表现具有一定的要求和规范，因此对个体行为具有约束作用和参照意义，促使他们通过模仿来调整自身的违规行为，从而培养他们表现出符合社会规范的言行举止。此外，高校仪式教育在统一的时间和地点集中开展教育活动，蕴含着一种共识性的价值观，让参与的学生深刻意识到自己是集体中的一分子。集体参与的仪式活动有利于参与学生对集体价值观念的共享和认可，激发参与学生在仪式活动中产生一种归属感、安全感和使命感，从而将学生个体的微弱力量提升为强大的集体力量，增强集体凝聚力。这种集体意识的产生和集体凝聚力的增强有利于培养学生在日常学习生活中的团结互助精神，凝聚师生情感，进而促进校园的和谐稳定。

最后，传承文化，培养民族精神，展现学校风貌。高校仪式活动是校园文化传承的一种重要载体，包括高校内部共享的文化象征符号和内容，如常见的校旗、校歌、校徽、校训、校史等。从文化的角度加以理解，仪式教育是高校基于一定的价值观、知识观、学生观等所做出的共同选择，承载着高校的行为规范、集体意识、价值取向、办学思想等，是在一定的校园文化规则约束下，在长期的教育实践活动中积淀而成的，具有一定时空性的全体成员互动的文化行为。简单来说，仪式教育中的口号标语、场所布置、氛围营造、演讲内容等都蕴含着高校的教育理念，展现着高校的校园风貌和师生精神。因此，各类高校仪式教育有利于培养学生对母校的认同感和归属感，有利于校园文化的传承与发展，也有利于培养民族精神。

三、高校开展仪式教育的途径

在深入践行社会主义核心价值观的时代背景下，各高校都非常重视学生的素质教育。基于仪式教育的特点和功能，重新解读、着重探讨仪式教育可以为高校的素质教育提供启示和借鉴。

1. 规范仪式活动，规划仪式教育

科学规划、严肃规范仪式活动是实现仪式教育育人作用、加强素质教育工作的前提和基础。仪式活动作为高校文化的重要组成部分，其育人作用依赖于组织者和参与者对仪式本身及其价值的理解和认可。因此，充分发挥仪式教育的育人作用，需要高校系统、科学地对整个大学阶段的仪式进行顶层设计，在结合学校发展规划和学生发展水平的基础上，系统地组织和规划好在不同阶段适合不同年级学生的仪式活动。对每一个仪式而言，不仅要有外在的规范化活动，也要注重内在的教育理念和宗旨。因此，要精心设计仪式活动的具体过程，尤其在宣传、实施、总结等过程中要充分展现素质教育的内容，充分挖掘仪式活动的育人因素，这样才能通过仪式活动的实施，引发学生认同，规范学生行为，提升学生思想认识，从而实现对学生个体素质教育的示范影响作用。

新形势下，高校的仪式活动应该体现社会主义核心价值观、中国的传统文化及高校的核心价值观，不断探索多种有效的教育形式和手段，让学生在不知不觉中自然而然地接受素质教育。开展仪式活动，首先要选择合适的时间和空间，从使用的道具、布置的背景、安排的角色、配备的音乐等各方面做好周密的思考和安排；其次要提前对参加的师生做好动员和宣传工作，确保每一位参与者对整个仪式理解到位，从而保证仪式教育的实效性；最后要把选取和剪辑的仪式活动素材和学生的日常生活学习联系起来，实现主体间的对话，产生强烈的心理共鸣，构建道德共同体。

2. 整合学校资源，优化仪式教育

仪式教育的主体是学生，因此仪式活动应充分激发每一位参与学生的主动性和积极性，参加仪式活动的学生产生的仪式感越强，其心理成长也越快。从仪式活动自身出发，其形式和内容都可以多样化，需要整合各个仪式活动的全方位资料，做好仪式教育的整体性和规划性工作。从仪式活动的各方面资源出发，要重视多方资源的整合，包括学校资源、家庭资源、企业资源、社会资源等，多方资源的整合赋予仪式活动更多的内涵，也倒逼仪式教育不断创新。其中，最重要的是要整合学校教育资源，充分利用校园的一楼一室、一砖一墙、一草一木，校园的每一个角落都可以营造良好的仪式教育环境和氛围。家庭资源、企业资源、社会资源的整合要求学校加强家校联系、校企合作、社会实践，以及实习的广度和深度，为学生转变为社会人提前打好基础。高校仪式教育要实现素质教育的功能，就必须从高校的具体实际出发，目的明确、规划完整、因地制宜、系统充分地利用各自的现有条件，在具体、合理的构建思路上争取形成合力，实现资源的优化整合。

3. 创新仪式活动，增强意义感

任何类型的活动超过一定限度的重复开展，必定会让学生产生厌恶和抵触情绪，因此高校仪式活动需要不断创新。针对仪式活动规范性、长期性、重复性的特征，可以考虑从加强高校仪式活动主题的多元化、形式的丰富性、内容的时代性等方面加以突破。仪式主题的多元化可以将仪式教育渗透到各科教学和各项活动中，以节假日、纪念日为突破口，构建以感受、体验、培育为主线的仪式教育；仪式形式的丰富性要求仪式能充分激发每一位参与者的主动性和积极性，让学生真正成为活动的主体，自觉参与仪式活动的全过程，并鼓励学生走出校园，走入社会，体验多变的社会道德情境，实践复杂的道德行为，塑造良好的道德品质；内容的时代性要求仪式教育与社会的主流价值观相结合，如现阶段的仪式活动要把中国梦和社会主义核心价值观纳入其中，紧跟新时代中国特色社会主义思想的步伐。

此外，针对高校自身的文化传统和办学特色，在策划仪式活动时不同高校可以创造性地设计出个性化的特色仪式活动。高校可以在深入研究各自历史，认真总结自身传统、精神、教风、学风的基础上，大力发掘各自的文化内涵，培育自身的个性和特色，创造性地设计出极具特色的仪式活动。例如，我校就可尝试借助杭州陶行知研究馆的优势，举行仪式活动时重在突出陶行知文化，引导学生学陶师陶、知行合一。

总之，丰富多彩的高校仪式活动为繁忙的高校生活增添了一抹色彩。作为高校教育工作者的我们，应该以仪式教育为主要抓手，通过强化仪式教育的规范性、实效性、创新性，丰富仪式教育的文化内涵，强化仪式教育的育人作用，以学生为本实现“爱满天下”的陶行知教育理念，为学生的终身发展打好基础。

参考文献

[1] 尹立军．仪式的思想政治教育功能及其实践路径研究［D］．昆明：昆明理工大学，2017.

[2] 孙冬青．试论新时期高校仪式活动的德育价值［J］．学校党建与思想教育，2016（8）：31－33.

[3] 张志坤．仪式之美与学校美育的仪式实现［J］．当代教育科学，2016（19）：34－37.

[4] 邱叶．高校校园文化中的仪式教育研究［J］．教育探索，2014（1）：17－19.

[5] 张银霞．教育场域中的权力：基于学校仪式活动的分析与启示［J］．长江大学学报（社科版），2014（7）：165－168.

[6]［德］洛蕾利斯·辛格霍夫．我们为什么需要仪式：心灵的意义、力量与支撑［M］．刘永强，译．北京：中国人民大学出版社，2009.

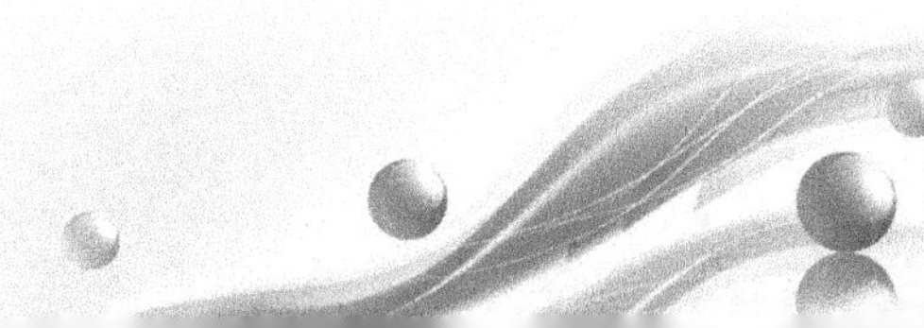

校园网红现象对高职院校思想政治工作的机遇、挑战及策略

张满东

摘　要： 以满足大众猎奇、窥探和意淫为噱头的网红现象极易吸引并影响心智尚未完全成熟的高职学生，造成其审美与道德扭曲，极易在高校中滋生享乐奢靡之风，影响高职学生社会价值观的构建，这对学校意识形态与思政工作形成巨大挑战。而正能量网红能够成为高职生竞相效仿的新型榜样，一些网红平台为有创业梦想的学生提供更多实践机会，对思政课改进也有很大的借鉴意义。学校应与其他相关部门通力合作，因势利导，树立高职学生正确的“网红观”，借势而为，形成人人争做“正能量网红”的良好氛围，让网红成为伴随高职学生健康成长的利器。

关键词： 校园网红现象　高职院校　思想政治

一、校园网红现象及其在高职院校的传播现状

（一）校园网红现象

1. 网红的界定与演变

网红，顾名思义即网络红人，是指现实或者网络生活中因为某个事件或者某个行为被网民关注而走红的人，或因长期制造某

种话题而走红的人。

网红演变经历了三个时期。网红 1.0：纯文本时代。蔡智恒以笔名“痞子蔡”在网络上发表小说《第一次亲密接触》后迅速走红，成为纯文本网红现象级人物。随后，安妮宝贝、郭敬明等一大批网络小说的作者相继走红，“纯文本时代”正式形成。网红 2.0：图文并茂时代。随着论坛与博客的兴起，大量草根人物开始通过噱头、“审丑”的方式蹿红，如芙蓉姐姐、天仙妹妹、奶茶妹妹、凤姐、犀利哥等。网络推手与专业水军的出现，让网红开始与商业结合，成为一种新型业态。网红 3.0：视频直播时代。随着移动互联网、自媒体与电商产业的蓬勃发展，通过个人魅力吸引粉丝，并通过广告代言、会费缴纳、产品销售、版权许可、受众打赏、社群众筹、平台分账等方式，使粉丝带动消费的网红产业链逐步形成，其强大的整合力与影响力已经开始逐步影响到 90 后与 00 后的年轻人。从 2015 年年底起，“网红”直播平台开始了“井喷式”发展，从“张大奕”到“Papi 酱”，从“同道大叔”到“SKM 破音”，从“天才小熊猫”到“香喷喷的小烤鸡”等，一夜之间冒出的“网红”让人应接不暇，一派欣欣向荣的发展态势。据映客直播副总裁梁志伟介绍，截至 2016 年 6 月，网络直播用户规模达 3.25 亿，占网民总体的 45.8%。保守估计，直播平台超过 500 家，市场规模达到百亿元人民币。预计到 2020 年，直播及其带动的产业整体市场规模将达千亿元。

2. 网红的分类

网红大致分为三类：电商型网红、才情型网红和领袖型网红。电商型网红凭借自己的颜值和高品质生活吸引粉丝，并引导他们在相应的电商平台上进行消费。女装淘宝店主加网红双重身份的雪梨，她的淘宝店仅在 2015 年“双十一”一天销售额就突破 2 000 万元，她个人拥有 787 万粉丝，并成立雪梨与钱夫人定制电子商务公司。才情型网红主要依靠音乐、舞蹈、模仿、表演、炫技、解说等方式进行直播，粉丝的认同度和黏着力极高，通过满足大众猎奇、窥探和意淫的心理，吸引打赏或贴片广告、广告代言，再将粉丝献上的鲜花、游艇、跑车等虚拟道具进行变现获得收入。凭借变音器发布原创短视频内容而走红的“Papi酱”，获得了1 200万元人民币的融资，现估值1. 2亿元人民币左右。领袖型网红主要通过不断地向人们输入自己的普世价值观，从价值观的制高点来辐射受众，满足用户的精神需求，逐渐在网络上形成意见领袖，主要依靠自身的品牌溢价实现收益。创办知识类脱口秀视频节目《罗辑思维》的罗振宇，在互联网经济、创业创新、社会历史等领域制造了大量现象级话题，引领并影响粉丝价值观念，各大网络平台点击量突破10亿次。

3. 网红在高职院校繁荣发展的原因

95后高职生可谓互联网“原住民”，他们早已习惯在网络表达与寻找自我的数字化生活方式，再加上内心空虚，寂寞无聊，急需在网络中寻求精神慰藉。作为独立的个体，他们的关注点与兴趣度更是千差万别，针对小众群体的草根网红在互联网去中心化大背景下获得前所未有的话语权，在互联网主动发声，表达粉丝集体情绪，得到粉丝圈极大的认同感，认同感又催生出强大的归属感，这样，一个气味相投、价值观契合的网络社群便产生了。

网红自身特质符合95后高职生需求。社会泛娱乐的发展趋势已经形成，网红也逐步朝向“个性化内容生产”与“定制魅力人格”的方向发展。要想获得更多的关注度与吸睛率，就必须满足粉丝的审美、审丑、刺激、娱乐、臆想、偷窥、起哄、看客等趣好。这些恰巧契合了对世界有强烈好奇心的95后高职生的兴趣点。随着4G网络、智能终端、无线Wi-fi网络的普及和移动服务生态的不断丰满，在线直播“迎风起舞”，这个涵盖了弹幕、语音、图像等各种形态的载体，成为一种富内容的社交新形态，同时给年轻一代人创造了一个自我展示的新模式，这种新形态的娱乐体验从一开始就受到广大95后高职生的青睐。

（二）校园网红在高职院校传播现状

对杭州科技职业技术学院300名不同专业同学进行调查，男女各半，发放调查问卷300份，收回有效问卷293份，调查数据如下：

1. 95后高职生关注的网红调查

男生关注的网红主要有三类：45.5%为游戏竞技类；32.4%为颜值才艺类；20.5%为幽默搞笑类。女生关注的网红类型主要有三类：47.3%为电商网购类；34.7%为微博微信类；10.3%为事件吐槽类。这些网红主要为80后、90后、00后、其他人群，分别占21.3%，51.2%，14.7%，12.8%。男女网红性别占比分别为36.5%和63.5%。网红职业身份有电商模特、漫画家、作家、主播、段子手等。95后高职生中有33.6%关注网红事业颜值、26.3%关注网红才艺、22.7%关注网红技能、17.4%关注观点等特质。年轻化成为网红的重要特质，网红事业真正成为“用青春打动青春”的事业。

2. 95后高职生网红粉丝特质调查

95后高职生网红粉丝的男女比例为46.8%：53.2%。了解网红的主要方式：43.2%通过微信、22.5%通过微博、20.4%通过搜索引擎。表达喜爱网红的方式：56%选择吐槽、23.4%选择分享、20.6%选择送礼物。32.4%的高职生会模仿网红装束，35.6%的高职生会效仿网红谈吐并赞同网红观点，对网红推销的物品13.5%的高职生会表示接受，67.5%的高职生知道网红盈利方式，35.4%的高职生非常看好网红行业并认为会大有发展。对网红受热捧的原因调查显示，38.9%的高职生认为网红是娱乐市场的赚钱工具，30.6%的高职生认为是社会的价值观念发生了变化，22.2%的高职生认为大众因生活无聊、寻找快乐，8.3%的高职生认为社会风气发生了变化。对一夜成名的网红成功方式，38%的高职生表示认可并且非常向往；33%的高职生表示不认可，认为这违背了当代主流价值观；20%的高职生认为网红影响了自己的世界观、价值观；其余人表示无关紧要。

3. 95后高职生从事网红事业的调查

QQ浏览器发布的关于2016年高校毕业生毕业去向的大数据报告《QQ浏览器大数据：95后迷之就业观》显示，在毕业生最向往的新兴职业排行榜中，有54%的毕业生选择了“主播或网红”。在最向往的新兴职业方面，超过54%的人渴望当主播、网红，排在其后的还有声优、化妆师、Coser、游戏测评师等。每20名普通网民中就有3名关注“网红”。很多年轻人认为“网红”是一件“低投入无风险”、能实现名利双收的工作，人人都梦想成为“网红”，这也造成“网红”基数的上升。

对我校95后高职生进行调查，23.6%的被调查者愿意并尝试当网红。如果能有机会成为网红，77.8%的被调查者希望能够成为技能型的网红，13.9%的被调查者希望成为外形型的网红，8.3%的被调查者希望成为炫富型的网红。如果说，70后最看重“铁饭碗”，80后最看重“稳定”，那么95后在就业选择上，则以“兴趣”为先。以乐趣选择职业，把工作做成娱乐，成为95后高职生非常向往的工作方式。

二、校园网红现象对高职院校思政工作的机遇

（一）正能量网红成为95后高职生心中新型榜样、模范

之前，网红这个词一度成为贬义词，就是专门指那些通过某

个事件突然爆红的人。但是随着时代的发展和进步，这个词的意义也出现了很多变化，逐渐成为一个中性甚至是正面的词汇。正值偶像崇拜时期的95后高职生，更加认可集平民化、娱乐化、生活化于一体的网红传播模式，对于网红的一举一动、一言一行都会争相模仿，在网红与粉丝的频繁互动中，网红的价值判断、道德认知、消费观念，乃至价值体系潜移默化地传递给粉丝，影响着整个道德体系与价值判断。正能量网红为广大95后高职粉丝提供了榜样示范与道德范式，产生了一系列的榜样效应。比如“学霸棋手柯洁怒怼央视英文提问记者，是中国人就应说中国话”，引起网络叫好声一片。“洪荒少女”傅园慧以率真幽默的性格吸引了大批粉丝，展现出中国运动员努力拼搏、奋发向上的进取精神。浙江丽水消防员卜文明为灭火和战友连续工作两天两夜，一人吃光一脸盆泡面，成为网红“泡面哥”，获赞无数。诸如此类的正能量网红层出不穷，“正能量网红”贴近生活、生动形象的特点更易为青少年所接受，他们所具备的高尚品格和拼搏精神激励着青少年，这样的激励效应显然有着积极的现实意义——在95后高职生碎片化和泛娱乐化的精神荒原上支托起一个个平民化的网络偶像。

（二）对思政课的改进有一定借鉴意义

思政课教育与网红传播存在以下差异：首先，两者传播主客体关系存在差异。网红凭借独特的个人魅力得到粉丝的集体认可，成为自愿的吸引与被吸引的主客体关系。高校教师与学生之间往往存在距离感，无形中形成施压与被施压的传导关系，学生对教师的态度是“可远观”而不能亲近。其次，在内容处理上存在差异。思政课主要授课模式为讲授法，偏重于思想理论输出，有些内容空洞且不贴合实际，教学效果差强人意。网红谙熟粉丝心理需求，内容具有原创趣味性且贴近生活，牢牢锁住粉丝注意力，使其成为忠实观众。再次，传播途径也有所不同。思政课主要采取教师讲授、学生聆听的单向输出模式，教学反馈存在严重的滞后性。网红采用现场展示或者鲜活生动的短视频，直播过程中采用弹幕、点赞及送礼物的方式实时进行互动，后台数据更能反映出粉丝的喜好与接受度，以及时调整传播内容、模式及进度，真正做到灵活开放、收放自如。最后，专业团队支持存在差异。思政课教学虽然采取集体备课、集中培训等方式尽可能发挥专业团队的作用，但落实到每班思政课教学上，还是由教师一人承担，由于教师多媒体教学技术运用程度、教师个人授课魅力、师生关系处理等多个因素的不同，教学效果并不理想，集体团队作用也难以显现。时下各高职院校虽然大力开发网络课程，但教学内容过于正统、授课内容缺乏吸引力、宣传力度不够使得网上课程资源很难获得学生的喜爱。一个成功的网红背后，必有专业幕后团队鼎力支持，内容筛选反复推敲，图片视频后期加工更是精益求精，对网红形象与表达进行专业包装，再通过宣传团队大肆宣传，制造热点事件，赢得粉丝的认可与热捧。

习近平指出，做好高校思想政治工作，要因事而化、因时而进、因势而新。网红传播优势对思政课教学有很大的借鉴意义。网红作为一种文化现象，社会群体、经济业态的发展脉络和未来趋势等，皆可提炼出紧密贴合时代生活，具有极强说服力、感染力和指导性的良好素材，用于大学生思想政治教育。思政教师应努力构建和谐的新型师生关系，增强自身知识魅力、创新魅力与人格魅力，深入挖掘理论联系实际且贴近学生实际的教学内容，注重教学互动，提升反馈效率，发挥团队力量，扩大影响范围。

（三）促进大学生创新创业

网红经济是指网络红人在社交媒体积聚人气，依托庞大粉丝群体，并以自身品味与眼光进行选款与视觉推广定向营销，将粉丝转化为购买力客户，成功将流量变现的经济商业模式。表面上是以网红为中心，构建出泛网红内容创业链条、经济服务链条、衍生产品开发链条、“代运营”平台服务链条等。网红经济属于互联网经济的衍生品，它是顺应国家经济结构调整的一种发展趋势。网红经济是“大众创业、万众创新”的实践形态。据《QQ大数据微报告：95 后抖屏择业观大起底》数据显示，70% 的 95 后有创业打算，36% 的 95 后创业是为了个人兴趣并认为有很大发展空间，58% 的 95 后想成为网红。希望成为网红的类型中，37% 的被调查者想成为电子竞技玩家、33% 的被调查者希望成为主播、25% 的被调查者梦想成为段子手。高职院校职业生涯规划中也有不少人想从事网红经济相关的创业。有的大学生把专业学习融入网红事业，把网红事业作为专业实习平台、创业实践平台和职业锻炼平台，并不以走红赚钱为目的，这有利于学生个人的自身发展。更有些 95 后高职生远非过去单纯为追求虚荣而希望引人关注所能比拟，做网红不但能满足“虚荣”，更能带来“实利”，尚未完成学业就通过创意成为网红，将创业成果收入囊中的案例不在少数。2015 年 9 月，浙江义乌工商学院开设电商网络模特班，首次招生 32 名，开设了表演、形体、舞蹈、T 台走秀、影棚拍摄等课程。该模特“网红”班的女生早已成为各视频直播平台争夺的对象。这种网红经济新业态中，“大众创业，万众创新”的新形式为大学生提供了实践层面的重要支撑和路径指引。

三、校园网红现象对高职院校思政工作的挑战

（一）影响高职院校意识形态工作

新媒体技术的发展推动了“两微一端”等社交化自媒体的涌现，人们告别了担任受众角色的时代，获得了自我传播的权利，参与社会公共事务、表达自我的欲望和空间大增。网红基于人的

不同兴趣、爱好、需求设置精准推送的内容，大都易为受众接受，用户黏性提高。社交媒体的发展也正在从“大众社交媒体”进入“小众化社交产品”时期。而这种“小众化社交产品”存在强烈的互动社群化。偏见、先入为主和固有的思维方式因为没有与他人产生冲撞的可能而日渐强化，社群内部表现出强烈的同质性和保守性，形成更加强烈的排他性。而一些敌对国家与不法分子会培植负能量、反政府和反我国意识形态的网红，并利用视频文化传播的绝佳平台，大肆宣传与主流意识形态大相径庭的内容，涉世不深且缺乏坚定政治方向的部分高职生极易受到影响，这加大了教育者对主流价值观引导的难度，挑战了思想政治教育者的权威。

（二）影响高职生社会主义核心价值观的形成

过分追求一夜爆红的部分网红经济违背了脚踏实地的敬业精神。有些网红为获得超高的关注度与吸睛率，制造假象，为推销伪劣产品不惜出卖“粉丝”信任，有违诚信精神。部分网红提供“三俗”娱乐产品，“炫富”“审丑”“恶搞”“炒作”“爆粗口”“情色擦边球”“标题党”等与传统背离的价值标签、议题大受追捧，往往能引起大家的围观和议论，换取高额利润回报，大发不义之财，对于通过自己艰辛劳动与专业技术换取劳动报酬的普通劳动者来讲，有失公正。有些网红在直播平台上大肆宣传淫秽、暴力及恐怖事件，造成社会恐慌，甚至炮制新闻，消费公众情绪，给社会负面事件添油加醋。更有甚者顶风作案，严重践踏社会主义核心价值观的法治精神。有些网红通过暴露的衣着、露骨的语言及不雅的行为吸粉，此行为更是对公序良俗和社会文明造成严重负面影响。靠自我裸露等肤浅、低俗、极端却又易得的形式，来迎合受众变异的审美趣味和窥视、猎奇、无聊、空虚等心理，必然会引起“脱敏效果”，进而导致恶性循环，不利于舆论场生态治理。散播不实言论，制造大跌眼镜的噱头以赚取昧良心的利润，本身就是一种不和谐的表现。网红经济所蕴含的价值观与我们所倡导的社会主义核心价值观是背离的，它的存在消解着人们对于社会主义核心价值观的认知与认同，给整个社会造成文化的扭曲。

（三）滋生高职生享乐奢靡之风，造成审美与道德扭曲

在网红世界中，简单化、符号化、极端化往往更容易获得关注，噱头、吐槽、偷窥、逆袭及独具的才华往往更能够引发共鸣，更有甚者不惜通过“三俗”、炫富、猎奇、无节操、宣扬暴力、投某些人宣泄戾气之所好，成为“负能量网红”。给处于人生迷茫期的高职生树立了一种不良范式。《中国青年报》的调研结果显示：56.1%的受访者认为网红对青少年的影响是负面的，绝大多数的受访者对网红的评价是“搏上位”“骗子”“庸俗不堪”“没有节操”“拜金功利”“三观不正”等。虽然存在以偏概全、有失公允的嫌疑，但也能反映出网红行业存在的问题。部分网红炫富、斗富现象层出不穷，无形中向高职生传递了一种享乐主义、拜金主义的价值观，有人为抢购“网红同款”、追求奢华的生活而误入歧途，走上违法犯罪的道路。部分一夜爆红的网红，让部分高职生滋生投机取巧、守株待兔的错误的成功论。一些网红个人审美偏差，以丑为美的扭曲审美观正影响着高职生，“网红脸”“A4 腰”“反光腿”等致使部分高职生以丑为美、以浓妆艳抹为美、以畸形为美。更有些网红肆意谩骂、争吵、造谣，只顾发泄自己的情绪，“道德绑架”现象屡见不鲜，这些行为无疑会对高职生道德建设和品格形成造成巨大的冲击。

四、如何正确引导校园网红现象

（一）因势利导，构建正确的网络观与“网红观”

随着全球互联网技术的飞速发展和Web技术的不断更新交替，网红不只停留在现象级，而且开始渗透到高职院校学生生活的方方面面。在这一大趋势下，首先，学校与广大教育工作者应把高职院校网红现象纳入学校意识形态工作的重要对象范畴，并作为重点关注对象，加强舆论监督和监管，做好引导、教导与辅导。首先，加强网红舆论引导。网红的内容输出要符合思想政治教育的语境，也就是要符合社会主义核心价值观的要求，不能背道而驰，更不能逾越法律、政策的底线，让网红在社会法律和伦理许可的范围内做出行动表现，坚持“价值”引领的原则，以高质、精致的内容示人。引导高职生多关注正能量、积极健康的网红，发掘并学习其身上的闪光点，自觉抵制低俗的网络行为，树立正确的网络观和“网红观”。其次，教导高职生理性看待网红。对于网红的行为和言论要充分利用自己所学的知识进行理性辨析，不盲目从众，不人云亦云。在发表评论时应做到不谩骂、不诽谤、不造谣，在发布、分享、转发有关网红的内容时应抱负责、理性的态度。培养青少年笃行务实的作风，使其能够正确、理性地对待网红一夜爆红和一夜暴富的现象。最后，对从事网红创业的同学给予技术或思想上的辅导，让他们保持清醒的头脑和独立的意识，警惕被消费主义、虚无主义及其他一切操控性力量所裹挟，把自我批判融入进取精神、创新精神和超越精神中，永不僵化，永不停滞。

（二）借势而为，让“正能量网红”遍地开花

网红市场蓬勃发展，网络现象与网红经济已经影响到高职院校，此时的高职院校更不能坐以待毙，更应该借势而为，努力做

到三个“争做”：争做新时代正能量网红；争做网红监督者；争做网红孵化器。首先，学校应通过各渠道、各平台大力宣传符合时代要求及社会道德要求的人物及事迹，打造“正能量网红”，树立网络道德榜样，营造人人皆是正能量网红的良好氛围，让网红的社会文化和价值观得到一次理性判断和价值认可。其次，学校争做网红监督者，对高职生关注的网红进行有效的行为监督，对不良行为思想要从法律层面进行明确和规范，形成举报、核实、查处、处置有法可依和违法必究的系统化管理机制，对于不符合社会价值导向和道德要求的言论和行为向有关部门反映与举报，责其禁言、禁播、屏蔽、封杀，对于有违法犯罪行为的要严厉打击，净化网络环境，打造文明、和谐、正能量的网络思想政治教育环境。最后，争做网红孵化器，盘活校内外现有的网红资源。聚集“专业网红”“话题网红”，探索以平台、项目、技术等方式进行合作，以主题策划、专栏开辟、线下活动等形式，并借鉴网红运作模式，挖掘、打造、宣传校园正能量网红，达到思想政治教育的目的。

参考文献

[1] 梁志伟：映客日活跃用户超过1500［N］. 新华网.2016－10－17.

[2] 孙博逊，初明利．“网红”的发展脉络及其对青少年的榜样效应［J］. 中国青年研究，2016（11）：24－30.

[3] 敖成兵．多元时代共生衍创背景下的“网红”现象解读［J］. 中国青年研究，2016（11）：5－11.

[4] 王学俭，冯瑞芝．“网红”现象对高校思想政治理论课的启示 [J]．学校党建与思想教育，2017 (5)：42－46.
[5] 王卫兵．网红经济的生成逻辑、伦理反思及规范引导 [J]．求实，2016 (8)：43－49.
[6] 李翔．“网红”的时代嬗变及大学生思想政治教育 [J]．特区实践与理论，2016 (5)：81－84.
[7] 彭兰．网络传播概论 [M]．北京：中国人民大学出版社，2012.
[8] 张跣．想象的狂欢：“人肉搜索”的文化学分析 [J]．文艺研究，2008 (12)：73－80.
[9] 刘芬，张洵．浅谈“网红”对社会舆论场的影响及相关应对策略 [J]．教育媒体研究，2017 (1)：31－32.
[10] 侯卓沅．警惕“网红”经济对社会主义核心价值观的消解 [J]．中国集体经济，2016 (25)：115－116.
[11] 张跣．重建主体性：对网红奇观的审视与反思 [J]．中国青年社会科学，2016，35 (6)：1－7.
[12] 孙震，张瑛．56.1% 受访者认为“网红”对青少年影响负面 [N]．中国青年报，2016－01－29.
[13] 姜奇平．“Papi 酱”被勒令整改，网红还能火多久？[J]．传媒，2016 (10)：6－7.

高职院校培育和践行社会主义核心价值观的新思考

——以杭州科技职业技术学院为例

刘庆生

摘　要：社会主义核心价值观是社会主义核心价值体系的内核，培育社会主义核心价值体系价值观是高职院校的重要使命。在分析高职院校培育和践行社会主义核心价值观的意义、现状的基础上，从系统化的教育体系构建、发挥校园文化的载体作用、创新方法方式、发挥高职院校人才培养的特点等方面探索了培育社会主义核心价值观的有效路径。

关键词：高职院校　社会主义核心价值观　践行　途径

一、高职院校培育和践行社会主义核心价值观的意义

“核心价值观承载着一个民族、一个国家的精神追求，是最持久、最深层的力量。”社会主义核心价值观是社会主义核心价值体系的内核，体现社会主义核心价值体系的根本性质和基本特征，反映社会主义核心价值体系的丰富内涵和实践要求，是社会主义核心价值体系的高度凝练和集中表达。

党的十八大以来，中央高度重视培育和践行社会主义核心价

值观。习近平总书记多次做出重要论述、提出明确要求。习近平总书记以“扣扣子”作比喻，强调青年时期价值观养成的重要性，号召“青年要从现在做起，从自己做起，勤学、修德、明辨、笃实，使社会主义核心价值观成为自己的基本遵循，并身体力行大力将其推广到全社会去，努力在实现中国梦的伟大实践中创造自己的精彩人生”。

中央政治局围绕培育和弘扬社会主义核心价值观、弘扬中华传统美德进行集体学习。中共中央办公厅印发的《关于培育和践行社会主义核心价值观的意见》要求“把培育和践行社会主义核心价值观融入国民教育全过程”“贯穿于基础教育、高等教育、职业技术教育、成人教育各领域，落实到教育教学和管理服务各环节，覆盖到所有学校和受教育者”。

高职教育是高等教育的重要力量，目前，我国的高等职业教育发展迅速，高职生已占大学生总人数的一半左右。高职院校肩负着为社会培养高素质劳动者和技术技能人才的重要任务，学校在培养学生技能的同时，不能忽视学生的道德教育，加强对社会主义核心价值观的培育，培养出社会主义事业的合格建设者和接班人。

二、高职院校培育和践行社会主义核心价值观存在的问题

1. 社会价值观多元化趋势对大学生价值观造成冲击

随着改革开放的深入，我国进入社会转型期和经济升级的历史关键期。在全球化经济的大潮下，西方资本主义国家通过影视、餐饮、网络、游戏等各种方式输出他们的价值观，大量西方思潮涌入国内。拜金主义、享乐主义、个人主义等思想通过各种途径侵蚀着大学生的头脑，大学生的价值信仰出现多元化趋势，

并且有些大学的价值观偏离了社会主义核心价值观的轨道，理想信念出现动摇。

2. 市场经济的高速发展导致的道德失范影响大学生对核心价值观的认知和践行

《公民道德建设实施纲要》中指出："社会的一些领域和一些地方道德失范，是非、善恶、美丑界限混淆，拜金主义、享乐主义、极端个人主义有所滋长，见利忘义、损公肥私行为时有发生，不讲信用、欺骗欺诈成为社会公害，以权谋私、腐化堕落现象严重存在。"而这种道德失范也影响了大学生的思想，有些高职学生精神空虚、信仰缺失，对政治和社会漠不关心，人生追求目标日益实用化、世俗化和短期化，缺乏远大理想和政治信仰，严重影响了高职院校社会主义核心价值观教育活动的实效性。

3. 高职院校对价值观教育的重视不够，社会主义核心价值观培育和践行工作的方式方法创新不足

高职院校以培养高素质技能型、应用型人才为目标。很多学校在制定培养目标时重技能轻修养，认为高职院校就是培养一线操作工人，忽视了对大学生核心价值观的培养。有的院校在思政课中进行了社会主义核心价值观的教育，但理论性讲授大多较为枯燥，效果不佳，缺乏系统性、有效性、专门化的社会主义核心价值观教育体系。

4. 高职学生的特殊性影响了他们对社会主义核心价值观的认知

高职学生与其他层次的学生相比具有自身特殊性。首先，高职院校生源多样，除了统考统招，还有单考单招、3+2招生等形式，有些学生的学习能力较差，理论水平较低，家庭教育和此前的基础教育缺乏对价值观的教育。其次，据报道，80%以上的高职学生的心理十分复杂，甚至更多的是带着一种成长受挫、人生

迷茫、自负内疚等负面心态入学，缺乏积极、阳光、向上的心态。再次，一些高职院校只注重技能和专业的提升，忽视了思想品德教育、行为规范教育、价值观教育等，学生在接受教育时把技能作为评价自己的唯一标准，他们不重视甚至抵触思想政治道德文化类课程的学习，导致信仰的缺失和社会主义核心价值观认知水平较低。

三、高职院校培育和践行社会主义核心价值观途径的探析

1. 加强高职院校对社会主义核心价值观教育的重视，构建系统化的教育体系

高职院校一定要高度重视社会主义价值观的教育，要将社会主义核心价值观融入学校的办学理念和办学目标中，内化到学校文化、校风、学风和专业发展的各方面，使其成为传播社会主义核心价值观的载体；高职院校要将社会主义核心价值观列入学校人才培养方案中，构建思政课和专业课相融通的教学体系，并对其教育效果进行有效的考核。学校除进行社会主义核心价值观专题教育之外，还要将社会主义核心价值观的教育融入专业课和各类文化课程教学中，将“三个倡导”有效地融入各类课程中，使学生真正学会并将“三个倡导”内化到自己学习生活的方方面面，自觉践行社会主义核心价值观。

2. 充分发挥校园文化在培育和践行社会主义核心价值观中的载体作用，以高尚、特色的文化培养人、教育人、感化人

校园文化指的是学校所具有的特定的精神环境和文化气氛，是学校精神的外在体现。校园文化是学校发展的灵魂，是凝聚人心、展示学校形象、提高学校文明程度的重要体现。校园文化对学生的人生观、价值观有潜移默化的深远影响，而这种影响是任

何课程无法替代的。高职院校要结合自身定位和特色，发挥校园文化在培育和践行社会主义核心价值观中的作用，培育和挖掘具有高职特色的行知文化、工匠文化、职业文化，依托这些文化打造高品质的校园文化品牌活动，让学生在参与活动和实践的过程中培养自身爱岗、敬业、诚信的社会主义核心价值观。

3. 要创新培育和践行社会主义核心价值观的方式、方法

（1）改变传统的说教式教育方法，创新教育的素材，通过挖掘校内外典型人物的事迹，挖掘传统文化中的优秀价值观，利用校外的博物馆、纪念地等各种资源，进行社会主义核心价值观的教育。要以学生对核心价值观的内化、认同为重点，让学生在参与和体验中领悟和认同社会主义核心价值观，以更加有趣、鲜活的形式让学生更加直观地认知、认同社会主义核心价值观。例如，中央美术学院同学创作的“图说我们的价值观”海报设计方案和中国美术学院同学创作的“践行社会主义核心价值观宣传卡”都受到广泛欢迎和好评，使学生在参与活动过程中更好地学习并为他人阐述社会主义核心价值观。

（2）充分发挥新媒体的作用，让社会主义核心价值观占领网络的前沿阵地。自媒体时代，学校要充分利用微信、微博等方式，加强社会主义核心价值观的正面宣传，抵制一些不良思想的冲击。高职院校要重视对新媒体的人力、物力投入，通过高素质的新媒体力量和高品质运营平台，打造有趣、易懂、正向的微学习平台，循序渐进地将社会主义核心价值观内化为学生的价值认同和行动规范。

4. 要发挥高职院校人才培养的特点，弘扬行知文化，让践行社会主义核心价值观成为自觉活动

高职院校以培养高素质应用型、技能型人才为目标，校企合作、产学结合是高职院校办学的主要形式，学生有大量的时间在

企业实习。高职院校要充分利用好这一实践平台，发挥企业在培育社会主义核心价值观中的作用，将文明、爱岗、敬业、诚信等企业文化引入大学的文化和价值观的培养中去；要邀请企业的大师、工匠等模范典型到高校指导、授课，发挥榜样的力量，以他们高尚的职业道德和职业素养来影响大学生，使他们树立踏实好学、爱岗敬业、劳动光荣的价值观念；高校要大力发扬知行合一的理念，打造多样的实践平台，让学生在公益实践、环保实践、创业实践中培养自己的责任感和奉献精神，感悟和践行社会主义核心价值观。

参考文献

[1] 贾迅．高职学生社会主义核心价值观践行能力的培育［J］．高教探索，2011（6）：149－152.

[2] 宋庆彬．高职学生社会主义核心价值观践行能力培育策略探索［J］．产业与科技论坛，2015（24）：107－108.

[3] 王占霞．高职院校学生社会主义核心价值观培育和践行的路径［J］．开封教育学院学报，2014（6）：216－217.

《周易》“咸”“恒”与“家人”三卦在大学生婚恋道德培育中的价值刍议

——兼论中华传统文化在《思想道德修养与法律基础》中的应用

李勇宾

摘　要：《周易》作为中华传统文化的瑰宝，具有深刻的哲理性，指出了人们在立身处事中应遵循的基本价值观，这些道德理念是亘古常新的。分析《周易》中的“咸”“恒”“家人”三卦分别与人们的恋爱、婚姻和家庭三个阶段的对应关系，而其中所蕴含的“慎”“贞”“恒”等价值理念，可以作为对大学生进行婚恋道德和家庭美德教育的重要思想资源，从而为中华优秀传统文化在思想道德理论课教学中的有效运用提供一种可借鉴的崭新思路，进而为大学生正确道德价值观念的培育提供一种有理、有效、有益的文化支撑。

关键词：婚恋道德　家庭美德　大学生　《周易》

“爱情是一对男女基于一定的社会基础和共同的生活理想，在各自内心形成的相互倾慕并渴望对方成为自己终身伴侣的一种强烈、纯真、专一的感情。”而婚恋观作为一个人价值体系中的重要分支，反映了人们在追求幸福生活的过程中对恋爱、婚姻、家庭方面的价值认知和价值选择。幸福家庭的形成是以婚恋道德和家庭美德为基础的。高尚的爱情对道德观念的发展具有正向催化作用，而庸俗的爱情则会让大学生追求低级趣味，甚至行为越轨。习近平总书记在全国高校思想政治工作会议中指出“要用好课堂教学这个主渠道，思想政治理论课要坚持在改进中加强，提升思想政治教育亲和力和针对性，满足学生成长发展需求和期待”。2017 年初，中共中央、国务院印发了《关于实施中华优秀传统文化传承发展工程的意见》，其中指出应“围绕立德树人的根本任务，遵循学生认知规律和教育教学规律，按照一体化、分学段、有序推进的原则，把中华优秀传统文化全方位融入思想道德教育、文化知识教育、艺术体育教育、社会实践教育各环节”。《周易》作为中华传统文化的瑰宝，具有深刻的哲理性，并指出了人们在立身处事中应遵循的基本价值观，这些道德理念是亘古常新的。周易中的“咸”“恒”“家人”三卦分别与人们的恋爱、婚姻和家庭三个阶段相对应，而其中所蕴含的“慎”“贞”“恒”等价值理念，可以作为对大学生进行婚恋道德和家庭美德教育的重要思想资源，从而为中华优秀传统文化在思想道德理论课教学中的有效运用提供一种崭新的思路，进而为大学生正确道德价值观念的培育提供一种有理、有效、有益的文化支撑。

一、《周易》的道德价值理念

道德价值观的培育，应着眼于增强大学生是非善恶的判断能力。《周易》哲学表现出肯定真善美、否定假恶丑的鲜明立场。《周易》中道德价值判断，主要是通过断语来体现的。“吉、利、亨、无咎”为表征吉祥的断语，“凶、吝、厉、悔”则为表征凶险的断语。这种吉凶断语或提醒或告诫，在人们思考和解决问题时可作为价值选择的依据。近年来人们往往将作为中国文化总源头的《易经》错解了，把它当成一种江湖术士的骗人勾当，逐其末而忘其本，可悲可叹。《周易》具有深刻的哲理性、道德性和逻辑性，是中华优秀传统文化的重要组成部分。据《论语·述而》中的记录，孔子曾经这样说，“加我数年，五十以学《易》，可以无大过矣”。由此可见，人们如果体认到了《周易》中所阐释的立身处世所应秉持的进退之道，便可以免去一些潜在的过失。

《周易》分为上、下二经，上经主要阐释天地之道，下经则主要阐释人伦之道。上经以乾、坤二卦为始，代表人们要学习天道自强不息和地道厚德载物的精神；下经以咸、恒二卦为始，主要阐释人道应遵循的价值理念。中庸指出“君子之道，造端乎夫妇”，由此可以看出，中国传统文化特别重视夫妇关系，认为这是人伦之始，而一种良性的人伦关系的建立更是一个人成就品德学问的关键。《序卦传》曰：“有天地然后有万物，有万物然后有男女，有男女然后有夫妇”，并谓“夫妇之道，不可以不久也”。2015 年版的《思想道德修养与法律基础》第五章第三节“家庭美德”中专门阐述了大学生的婚恋道德与家庭美德，指出从恋爱到缔结婚姻、建立家庭，是人生需要经历的阶段，恋爱、结婚、建立家庭这三个阶段从时间上来看，可以以“结婚”为节点，分成结婚前和结婚后两大阶段，结婚前即为恋爱追求期，结婚后即为家庭发展期。因此，关于这部分的道德观念也可以分为婚前、婚后两部分，即婚恋道德和家庭美德。

二、咸卦的“慎”“贞”理念与婚恋道德

1. 恋爱的三个道德原则

咸卦的卦辞为“咸：亨，利贞；取女吉”。咸卦卦象为下艮上兑，艮卦象征少男，兑卦则象征少女，表现了少男在少女之

下，以一种极为忠诚笃实的态度向少女求爱，少女则以一种欢悦的心情和态度来应答这位少年，二人经过浪漫的恋爱阶段后成为夫妇的过程。爱情是一对男女基于一定的社会基础和共同的生活理想，在各自内心形成的相互倾慕并渴望对方成为自己终身伴侣的一种强烈、纯真、专一的感情。从《思想道德修养与法律基础》关于爱情的定义中，我们可以找出几个关键词：① 共同的生活理想；② 相互；③ 纯真、专一。而关于恋爱中的道德规范，《思想道德修养与法律基础》中列出了如下三条：尊重人格平等、自觉承担责任、文明相亲相爱。而《周易》咸卦指出恋爱应遵循三条基本原则，分别为“贞”“慎”“取女”。经过仔细分析，会发现咸卦中关于男女恋爱应遵循的原则的阐释具有鲜活的现实意义。

（1）贞。“贞”意味着谈恋爱要自然真诚，要以真实的情感作为基础。“贞”的意思即为“守正”，只有以正道而求的婚恋关系，方得善终。不贞则意味着心灵扭曲，以某种不可告人的目的来求取婚姻。所以在恋爱的时候双方一定要发乎纯正之心，不要去欺骗感情。《周易正义》指出：“既相感应，乃得亨通；若以邪道相通，则凶害斯及，故利在贞正；既感通以正，即是婚姻之善。”这也说明准备恋爱的青年男女须以一种清醒理智的态度来面对恋爱情感，不要被汪洋肆意的情欲所迷惑，才会有好的结果。

（2）慎。无论是恋爱还是婚姻，最重要的态度表现为“慎”，《思想道德修养与法律基础》第 132 页中指出，“大学生要树立正确的恋爱观，对爱情采取审慎严肃的态度”，而在面对婚姻时，也指出“即便大学生具备了我国婚姻法所规定的结婚条件，并且双方都有结婚成家的强烈愿望，也要对结婚成家持谨慎、理性的态度”。由此可以看出，无论是严肃的“审慎”，还是理性的“谨慎"，其实都体现出"慎"的重要性，慎始方得善终。《说文解字》中曰："慎，谨也。从心，真声。"慎是一个会意字，乃诚心认真以任事之意。慎，是"心真"，也就是说，唯有用真心，才能体察自己存心是否真诚，行事是否审慎。而在《仪礼·聘礼记》中则明确指出婚礼时应该做到"入门主敬，升堂主慎"，从中可以看出"慎"在聘礼中的重要意义和价值。《国语》云："慎，德之守也。"《荀子·劝学》云："故言有招祸也，行有招辱也，君子慎其所立乎？"由此可见，谨慎之行持，是安身立命、成功处事的基石。

（3）取女。谈恋爱的最终目的是婚娶，不能"始乱终弃"，以玩弄异性的情感为目的。取即娶，以"取女"为目的的谈情说爱才是合乎正道的、吉利的。而据大学生恋爱动机的调查却发现，以选择人生伴侣为目标的恋爱占比为30.1%，打发无聊时光的恋爱约占34.2%，满足生理心理需要为目的的恋爱比例为30.6%。由此可见，当前部分大学生的恋爱动机是存在价值认知错误的，或者从虚荣心出发，追求一时的满足和快乐，或者从一种无意义的目的出发，消磨人生与时光。这些类型的婚恋观极有可能会引起感情纠纷，造成身心伤害。

2. 恋爱的六个发展阶段

咸卦的本意，是以青年男女的恋爱过程为例，阐述人与人之间的感情沟通要发乎自然，循序渐进。咸卦的六个爻辞比较完整地描述了青年男女情感发展从无到有、从浅到深的全过程，可将这个过程分为六个阶段。

（1）初六：咸其拇。第一阶段表征一位少年男子刚刚爱上一位少年女子的钟情阶段。从人的身体取象，就好比起于脚的大拇指。这位少年初始还是比较羞涩的，不敢向少女表白自己的爱慕，因此在爻辞中也没有明显的吉凶判断。"咸其拇"，是指大脚踇指有感觉，不是心里有感觉，男女初相见，一种欲动还止的谨慎心理，跃然纸上。谈恋爱是决定终身大事之举，自然更须耐心沉稳的试探。

（2）六二：咸其腓，凶，居吉。第二阶段为试探性阶段。试探是双方的事情。在这个阶段，宜静不宜动。倘若不遵循这一原则，操之过急，便要事与愿违。“咸其腓，凶。”腓是小腿肚，感于小腿，那就是迈腿去追求了。但是由于双方接触时间不长，此时如果贸然迈腿去追，很可能会把对方吓跑。因此这一阶段的正确处理方式是安稳守序地等待，恋爱之路才能健康发展。

（3）九三：咸其股，执其随，往吝。第三阶段为感情从无到有的初恋期。这一时期，负有主动追求之责的青年男子如何把握分寸，至关重要。“咸其股”，感情已经发生，顺其自然，迈开双腿追求的时机已经来临。此时此际，一方面是大胆地追求，另一方面是追求中恪守礼仪、把握分寸，如果信马由缰、完全听凭感觉妄动，难免要有不愉快的事情发生。

（4）九四：贞吉悔亡，憧憧往来，朋从尔思。感情的发展，循序渐进，进入“一日不见，如隔三秋”的地步。不仅少男思恋少女，少女也思恋少男。这是一种经过交往、了解之后生长出来的爱恋之情，是一种发乎自然的求爱之心。憧憧是不安的意思，少女之心就像怀揣小兔一样怦怦直跳，此时少女在心中也爱上了这位少男，但是还是比较矜持，虽然如此，心中那种相思之情还是不断涌起。

（5）九五：咸其脢，无悔。脢，王弼解释为“心之上，口之下”，何楷指出“今谓之三思台是也。动而迎饮食以咽，思则噎”。意思是指少女在少男求爱面前，感情浓烈但是仍然把握好分寸，控制好自己的情绪反应。就少女来说，这是一种恪守贞操的表现，对少男来说也是对其“贞正”态度的考验，只有这样才可以免去可能的悔恨，才可以成就纯正美好的爱情。在教学过程中，应当提醒学生们要把握好恋爱的热度，如果过了度，也许就会导致难堪的后果。

（6）上六：咸其辅、颊、舌。恋爱到了收获期，情感的历程，感情的发展，终于到了可以向对方说出"我爱你"这三个字的时候了。辅为上颌，颊为脸颊，虽然言为心声，但是因为心之感有诚伪，所以仅仅凭借说出来的话是难以判断其吉凶的。在这个阶段，一方面，恋爱双方可能因为感情的炽烈，说些山盟海誓的话语，以表明心迹；另一方面，也存在着花言巧语、蛊惑人心的可能性。在《论语·公冶长》中已有明训："听其言而观其行"，所以需要叮嘱学生要对甜言蜜语保持警惕心。

总之，咸卦阐述了男女恋爱结婚的人生哲理，寓意十分深刻。对于男子来说，必须真心钟情，以力求之；对于女子来说，必须慎重考虑，适时答复。在男子方面，主动性是完全必要的，要有勇气追求；在女子方面，矜持性也是完全必要的，要有冷静的态度。无论男女，都要讲求贞操，这才合乎人伦道德，才能缔造出纯洁美好而永恒的爱情和婚姻。

三、"恒""家人"二卦与家庭美德

1. 恒卦与幸福婚姻经营之道

恋爱的目的和归宿应该以缔结婚姻、组成家庭为目的。《思想道德修养与法律基础》中对此有明确的说明："恋爱是缔结婚姻、组成家庭的前提和基础，婚姻和家庭则是恋爱的结果。"调查发现，对"爱情与婚姻的关系"这一问题的认知上，5.5%的人选择"婚姻是爱情的坟墓"，29.8%的人选择"有爱情不一定需要婚姻"，但64.8%的人认为"婚姻是爱情的必然结果"。由此可见，中国传统的婚姻观仍然对当代大学生具有深刻影响，但是也有约1/3的学生对爱情与婚姻的认识是模糊的。学者袁立的调查也发现了类似的问题，有1/3的大学生认为谈恋爱是终身大事，必须谨慎；有1/3的大学生赞成“只在乎曾经拥有，不在乎天长地久”；另有1/3的大学生不认同谨慎的恋爱观，对待恋爱朝三暮四、玩世不恭，这与“严肃、认真、忠贞、专一”的爱情并不相配。这也表明，大学生对于恋爱问题的态度存在认识模糊的现象。

恒卦的卦辞为“恒：亨，无咎，利贞，利有攸往”。恒卦为下巽上震。巽为长女，震为长男；长女追随长男，夫唱妇随，就是这个卦象所表达的意思。周文王将该卦取名为“恒”，就是希望这种夫唱妇随的夫妻之道能够天长地久、永恒不变。夫妇关系贵在长久，以天长地久、白头偕老为理念的观念，亦渊源于此。确定这样一种夫妻之道有三个好处：一是“亨，无咎”，夫妻关系顺畅，家庭决策不容易发生失误。二是“利贞”，有利于丈夫与妻子各安本位，各守其职。三是“利有攸往”，夫妻关系的正确定位，有利于家庭前景的不断向好。而六个爻辞则说明了如何维系家庭恒久之道的原则。

（1）初六，浚恒，贞凶，无攸利。浚的意思是“深”，《周易义海撮要》中指出：“常之为义，贵久于求道，日以浸深。初为常始，宜以渐为常，而体巽性躁，遽求深入，是失久于其道之义，不可以为常。”贞凶的意思是守贞以免凶。夫唱妇随这一夫妻关系，也有一个逐渐磨合的过程。谈恋爱时，少男追求少女，不仅谦卑，还要仔细揣度姑娘心思，唯恐有失。如果将姑娘娶回家里后，马上摆出一副居高临下的姿态，让妻子唯命是从，夫妻关系显然要发生危机；如果夫妻刚刚结婚就发生冲突，一定会对今后夫妻关系的发展造成负面影响。所以在妻子刚进门的时候，还是要让她有一个适应的过程，千万不要一进门就要求过多，勉强行事，使年轻的妻子在心理上一时难以接受而产生抵触情绪。

（2）九二，悔亡。悔亡就是悔恨消亡的意思。《象》曰：九二悔亡，能久中也。从中可以看出《周易》特别重视"中"的思想，夫妇相处之道也要避免过犹不及，受持中道，方可保持长久。爱情是甜蜜的，而家庭生活则需要从平淡中求真味。夫唱妇随必须建立在自愿的基础上，才能成为丈夫与妻子的一种德行。

（3）九三，不恒其德，或承之羞；贞吝。随着岁月的逝去，夫妻之间的爱情渐渐淡去，而另一种情感即亲情，随着儿女的哺育成长渐渐生长，日益浓重。这是正常的夫妻之道。社会是复杂的，自然也有越出夫妻之道的情况发生。"不恒其德"，说的就是不能坚持夫妻之道。不能将夫妻之道坚持到底的原因多种多样，不仅有发生在丈夫身上的，也有发生在妻子身上的。在现实生活中，凡是"不恒其德"的丈夫或妻子，最终都身败名裂，"或承之羞"，甚至付出了生命的代价。

（4）九四，田无禽。《象》曰："久非其位，安得禽也?"这一爻辞的意思就是说没有居于自己应该在的位置，超越了男女定位、各尽其职的夫妻之道，因此造成家庭生活不正常，严重影响了家庭的兴旺发达。儒家的开创者孔子也说："名不正言不顺，言不顺则事不成。"越位做事情，既不符合规矩，也做不成事情。"田无禽"是一个譬喻，意思是既然打猎走错了地方，自然也就找不到猎物。

（5）六五，恒其德，贞；妇人吉，夫子凶。这一爻辞表示中国古代礼教中"妇从夫"的意思。这种"妇人吉，夫子凶"的观点，在男女平等的今天，显然已经不合时宜。在家庭中，无论丈夫或妻子，谁的能力强，谁说得对，就应该听谁、随谁。只有这样，才能夫妻和睦、家道兴旺。周文王认为，恪守夫妻之道也有一个男女之别、因人而异的把握问题。

（6）上六，振恒，凶。这一爻辞的意思是，如果不安于恒久之道，就会产生凶险。永恒是人类的一种愿望或理想，在现实世界里，其实并没有什么永恒不变的东西。物极则反的规律，在恒久问题上同样起着作用，当恒久发展到了巅峰，自然也要向它的对立面动摇转化。在一般情势下，这种转化是对自然规律的顺应，不会出现什么凶险。但对于夫妻之间的关系来说，无论什么原因引发的“振恒”即对恒久心性的动摇，都不是一件好事；唯有天长地久才是圆满的、吉祥的。

2. 家人卦与家庭幸福美满之道

创造并维系一个幸福美满的家庭，需要婚姻双方恪守家庭美德，《思想道德修养与法律基础》中将其内容概括为如下五条：尊老爱幼、男女平等、夫妻和睦、勤俭持家、邻里团结。而在如何弘扬家庭美德方面，书中则提示了两个要点：一是认识家庭美德的重要性；二是营造良好家风。另外，也特别说明了中华传统家庭美德的重要价值，如认同“尊老爱幼、贤妻良母、相夫教子、勤俭持家”等基本价值观念，并指出“实现中华民族伟大复兴的中国梦，离不开千千万万‘家和’的力量，离不开许许多多‘最美家庭’的滋养”，并指出家庭是国家发展、民族进步和社会和谐的重要基点。《周易》中与家庭美德直接相关的为“家人卦”，从语义上看，家人就是一家之人，也就是家庭的意思。《周易正义》指出：“明家内之道，正一家之人，故谓之家人。”家人卦下离上巽，离为火，巽为风。家人卦的《象》曰：“风自火出，家人；君子以言有物而行有恒。”风从火的燃烧生出，自内延外，风化之本，自家而出，所以君子知风之自，于是齐家以修身为本，而修身以言行为先。这其实就说明了先修身齐家后治国平天下的次序，优良家风的形成，可以为文明社会良好风气的形成做出巨大贡献。

《象》曰：“家人，女正位乎内，男正位乎外；男女正，天地之大义也。家人有严君焉，父母之谓也。父父，子子，兄兄，弟弟，夫夫，妇妇，而家道正；正家而天下定矣。”家人卦的爻辞鲜明地体现了一个家庭内每个成员所应扮演的角色和应当担负的责任，一个家庭良好家风的形成也有赖于此。

（1）初九，闲有家，悔亡。这一爻辞说明了教育子女的重要性。防止邪恶然后保有其家，悔恨消亡。这一爻辞向我们展示了这样一种精神理念，那就是要防恶于未萌。《颜氏家训》中说“教子婴孩，教妇初来”，所以一开始就要树立家法家规，及早教育，否则等到出问题了再去追悔，只能徒叹奈何。

（2）六二，无攸遂，在中馈，贞，吉。六二在卦象中象征着家庭主妇的角色，“无攸遂”是指没有什么可指望的事情，不是想干啥就干啥，想怎么干就怎么干。所以刚刚嫁入夫家的媳妇，一定要注意德行的操守，不要随便议论是非，只管做好饮食。这并不是意味着妻子一定只能生火做饭，本质上的意思是指女子应该表现出一种女性特有的柔顺美德，这样家庭必然和顺。现代社会，妇女也在外工作了，那么夫妻二人一定要互助合作，互敬互让，一起做家务事，家庭便能幸福。这一爻辞中也反映了周公对家庭主妇订立的三条标准：一是遇到事情不自作主张；二是在家庭中料理烹饪供应食物应尽心尽职；三是生活作风正派。这三条成了中国妇女的传统美德。

（3）九三，家人嗃嗃，悔厉吉；妇子嘻嘻，终吝。这一爻辞则是对家中男主人治家方式的说明。嗃嗃意即嗷嗷，为众口仇怨声；嘻嘻，则为欢乐笑闹声。但是为什么哀鸣嗷嗷之声，最后却获得“吉”的感应，而恣意嬉笑却是“终吝”的结果呢？这表明了中华传统家教严明的特色，虽然存在着治家过严，从而产生的“悔”“厉”之象，但是由于治家不失正道，所以最后仍获吉祥。相反，如果治家过于宽泛，放纵妇子嬉笑打闹，则失家道，终将憾惜。由此可知，现在家庭中的种种颠倒乱想，无不是因为家教宽纵所致，若宽，则家人放逸纵乐，失去规范，为非作歹，最终可能危及社会。这也说明家风家训对一个人熏陶的重要性。

（4）六四，富家，大吉。这一卦也是说的为妻之道，从“在中馈”到“富家”，说明妻子已经变为婆婆了，家中有这么一位慈祥有德的老祖母，家庭人口虽多也能和睦相处，所以是最大的幸福和吉祥。如今的小家庭，婆媳关系如何处理成了一个棘手的问题，所以应该向易经中寻求智慧，家有一老，如有一宝。

（5）九五，王假有家，勿恤，吉。假，此处具有感格的意思。总的意思就是说，君王用美德感化众人然后保有其家，无须忧虑，吉祥。这一爻辞说明内圣外王、修齐治平之道，也是作为君王需要注意的美德修养。王假有家，也可以解释为一家人拥有共同的价值观和理想信念。《象》言：王假有家，交相爱也。有了志同道合的理想，大家可以一起向前努力，所以即使在前进的过程中遇到了一些困难，也不需要忧虑，最后一定会有光明的未来。这也说明了中国古人的家国情怀向来都是一体的，家是国的家，国是家的国，家昌则国盛。共同的价值观对于家庭的幸福至关重要，这也是纯洁而高尚的爱情的思想基础。

（6）上九，有孚，威如，终吉。《象》曰：威如之吉，反身之谓也。上九象征着家庭中的祖父，有诚信的心情，有威严的仪表，这样来治家，家人都来效仿，便永远吉祥。一位颐养天年的祖父，在道德上，都是全家的表率，为全家人所敬仰。

总之，家人卦阐发治家之道，男子以刚正严明为宜，而女子则以柔和顺从为正。一个家庭，有着共同的生活理想和价值观，祖父诚信庄严，祖母慈祥慈爱，父亲管教严厉，母亲勤俭操劳，孩子好好学习、天天向上，这便是合乎家人卦理的和睦进取的家庭。主妇在家庭中的位置、作用和影响至关重要，这也是为什么卦辞中直言"利女贞"的原因。只有妻子敦伦尽分，家道才会正，家人才会和睦相处，丈夫才能无后顾之忧。人的生活，虽然是自己一个人的道路，但是，如果不能自觉到自己和其他人的关系、无法将之实践的话，这种生活并不算真实。

《周易》作为五经之首、中国文化的精粹，仍深深影响着中国人的思维模式和文化特质，大学生是祖国的未来和希望，他们的价值观和综合素质如何，人生观和世界观如何，将直接影响到国家振兴和民族崛起。因此，积极吸收中华传统文化中的积极因素，让学生理解爱情的真谛，建立健康的婚恋道德观和家庭美德观，是十分必要和大有益处的。

参考文献

[1]《思想道德修养与法律基础》编写组．思想道德修养与法律基础［M］．北京：高等教育出版社，2018.

[2] 朱熹．论语集注［M］．上海：上海古籍出版社，2007.

[3] 苏勇点校．易经［M］．北京：北京大学出版社，1989.

[4] 黄寿祺，张善文．周易译注［M］．上海：上海古籍出版社，1989.

[5] 曹娜，宋修岩．关于大学生恋爱问题的调查与分析［J］．齐鲁师范学院学报，2012，27（4）：54－58.

[6] 江克宁. 大学生家庭伦理道德的现状与构建途径：基于武汉高校的调查 [J]. 学校党建与思想教育，2012 (30)：25-27.

[7] 袁立. 当代大学生恋爱态度调查与分析 [J]. 中国健康心理学杂志，2005 (4)：278-280.

浅谈在高职教育体系下90后大学生思想政治教育的实效性

郜 媛

摘 要：随着经济的快速发展，我国的高职教育在不断向上发展。高职类院校的90后大学生思维活跃，文化程度和心理素质相对较低，纪律性和组织性不强。针对高职类院校90后大学生的特点，将目标管理应用到高职教育体系下的大学生思想政治教育中，让高职类大学生不仅注重专业课的学习，更注重综合素质的提升。

关键词：高职类大学生 90后 思想政治教育 实效性

一、高职类90后大学生思想政治教育的现状

90后高职大学生出生于中国经济高速发展的时期，受经济多元化及社会环境的快速转变的影响，他们身上具有明显的时代特征。作为高职院校的大学生，他们又是一个特殊的大学群体，与其他高校的学生表现有所不同，自身优势也不同。

1. 高职类大学生对思想政治教育认知存在偏差

首先，一些高职类大学生本身在文化课方面较为薄弱，在专业学习的过程中会过分看重专业知识的学习，把大部分精

力都放在专业课上，而忽视了思想政治文化这样的理论基础课程。

2. 高职类大学生学习能力不强，目标不明确

目前，高职类院校的大学生都是90后。一方面，高职院校的学生大多经历了高考失利，或是录取院校不如愿的情况；另一方面，90后有明显的早熟现象，面对与高中时期学习和生活方面的差异，以及高职院校教育方式的差异，常表现出难以适应。并且，由于自身学业基础和学习能力偏弱，面对与高中不同的教学模式，很容易从最初的满腔学习热情变成消极应付的态度，对自己的职业生涯没有目标和规划，思想政治素养也没有提升。

3. 高职类大学生富有个性，思想活跃，自我意识较强，团队意识不足

90后高职大学生思维活跃，富有个性，他们渴望得到周边人的肯定，但缺乏团队观念，集体意识较为薄弱，缺乏一定的责任感。所以一般高职类大学生想法较为不成熟，容易忽略现实问题；面对事情时容易冲动，按照自己的感性思想来处理问题；在学校里常常不喜欢受约束，却又无法规范自己的行为，导致出现不遵守学校规章制度的现象出现。

4. 高职类大学生自尊心较强，独立能力较差

当今90后普遍都是独生子女，被家人过分呵护和宠爱。这些过分的“保护”使得他们自我意识强烈，生活上自理能力较差，从小没有养成良好的学习习惯，所以，对社会上不良现象的是非判断能力较差，不懂得约束自己的道德行为，公德意识淡薄。

二、90后高职类大学生思想政治教育的探索

通过上述分析和论述，可以看出90后高职类大学生的特点，

传统的“填鸭式”思政教育模式已经不再适用，高校思想政治理论的教育模式需迎接新的挑战。对此，做以下分析探索：

1. 高职类院校的90后大学生应明确思想政治教育与专业课并重

在当前高职教育的体系下，教师要在思想教育中积极培养90后高职类大学生的学习观念，引导他们形成正确的价值观。在高职院校的管理中，思想政治教育一直都是非常复杂的一项工作，管理难度较大。专业课固然重要，但如果只学会了专业课的“皮”，没有达到一定的思想水平，是远远不够的。所以，多开展社团活动、主题班会，多与学生谈心谈话，重点开展思政理论知识竞赛、时政评论等活动，延伸思想理论教育的圈子，可引导学生对正能量的价值追求，提高思想觉悟意识，这对思政教育极为重要。

2. 辅导员要对学生进行积极正确的思想引导

在教师群体中，辅导员是与学生接触最多的人。从入学到毕业，从学习到生活，辅导员对学生的兴趣爱好、心理需求会有比较深入的了解。首先，围绕90后大学生的性格特点，辅导员要引导他们真正走进社会、了解社会，将理论与实践互相融合，将思想政治教育发挥到极致。其次，要重视思想政治教育，并把握好思政教育方法的转变，为90后高职类大学生树立良好的思政教育氛围。再次，辅导员作为大学生“最亲密的人”，应及时掌握学生动态，多接触、多沟通，强化90后高职类大学生的综合素质。这将有利于辅助思政课解决思政教学现状，增强实效性。

3. 必须与时俱进地开展思政教育

（1）90后高职大学生热衷于一些有趣的新鲜事物，作为思想政治教育者要充分认识这一点，并根据学生的这一心理状态开展相关的思政教育活动。例如，借助互联网信息技术，充分调动学生们的积极性，将传统的授课模式变为讨论发言互动模式，从实践中得出结论，并将思政内容融入其中，避免空洞说教，以喜闻乐见的形式，让他们乐在其中。

（2）结合时事热点，及时了解学生关注的热点话题，用科学的眼光引导大学生树立正确的价值观，根据学生的性格和需求采取相对应的教育方式方法，保证思想政治教育的有效性，使学生能够真正提高自我综合素质，认识到自身在思想政治方面的不足，积极配合辅导员加以改正，使其今后步入社会中能体现个人价值。

（3）随着文化传播速度的加快，社会思想环境也变得越来越复杂，这也给思政教育工作者提出了新的挑战。思政教育工作者不仅要转变学生对“思政”的错误理解，更要加强自身政治素质和道德修养，不断提升自己的职业素养和业务水平。立德树人，这不仅是思政教育工作者自身成长发展的需要，也是完成培养社会主义建设者和接班人工作的需要。

三、结语

综上所述，90 后大学生思想政治教学方式需要不断地变革、创新，不能“只知道响鼓重锤，不懂得点到为止；只知道大雨倾盆，不知道润物无声”。针对 90 后大学生，特别是高职类院校的 90 后大学生，要因人而异，“对症下药”地开展思想政治教育工作，牢牢把握学生的心理特征，坚持以学生为本，引导学生自觉培养和践行社会主义核心价值观，充分调动学生的积极性。

参考文献

[1] 黄一鸣．关于高职艺术类学生教育管理工作的几点思考［J］．世纪桥，2013（3）：107-108.

[2] 范起东，范翔宇．“90后”大学生的时代特征研究［J］．人民论坛，2011（24）：154-155.

[3] 周豪．以“90后”大学生特点为依据的高校思政教育新方式［J］．才智，2015（23）：74.

[4] 齐君.90后大学生特点与思政课创新性教育模式的构建［J］．齐齐哈尔师范高等专科学校学报，2012（2）：107-108.

[5] 李晓晗．新形势下高校辅导员思想政治教育工作有效性研究应用［J］．艺术科技，2016，29（6）：376.

基于行业需求的高职院校实践育人机制研究

周易知

摘　要： 实践育人是高校人才培养模式的核心命题，也是推动高职院校对高端复合型人才培育的关键所在。基于此，必须把实践育人放在高职院校人才培养框架的核心位置，应从社团指导、军训督导和教学制度三方面积极探索高职院校实践育人模式的可行道路，以培养出符合行业需求的应用实践型人才。

关键词： 高职　实践育人　行业

随着全球经济一体化的飞速发展，各行业对于高校人才的需求呈现多样化的趋势，对创新实践型人才的需求也与日俱增。为迎合各行业对创新实践型人才的需求，实践育人已成为高校人才培养的必然要求，同时也是全面落实国家教育政策方针的重要使命。《国家中长期教育改革和发展规划纲要（2010—2020 年）》指出，为全面贯彻党的教育方针，坚持教育为社会主义现代化建设服务，提高人才培养质量，支持学生参与科学研究，强化实践教育环节。《教育部等部门关于进一步加强高校实践育人工作的若干意见》提出，高校应进一步加强和深化推进实践育人各项工作，提高人才培养质量。由此可见，实践育人在高校人才培养中的地位举足轻重。为推进高职院校的教育发展，国家已出台一系列相关文件，如《高等职业教育创新发展三年行动计划》《关于加快发展现代职业教育的决定》等。近年来，多数高职院校致力于积极探索基于行业特色需求的高职院校育人机制建设之路，让学生在实践中提升专业技能和职业素养，从而养成良好的道德品格。

一、实践育人在高职教育中的意义

实践的观点是马克思主义哲学的基本观点。它指出，实践是以人为主体，以世界上任何事物为客体的现实活动，具有自主性、创造性和主体性。通过实践活动，作为实践活动主体的人把自己的能力、知识、理想和目的对象化到客体中去，从而改变主观世界，使人的主体力量得到加强和发展。实践不是主观改造客观的活动，也是主体创造自身的活动。《国家中长期教育改革和发展规划纲要（2010—2020 年）》中指出，“教育为社会主义现代化服务，为人民服务，与生产劳动和社会实践相结合，培养德智体美劳全面发展的社会主义建设者和接班人”。由此可见，高职院校对于应用复合型人才的实践育人理念完全符合马克思主义实践观，是全面贯彻党的教育方针的重要体现和必然要求。为了实现高职院校人才培养的目标，实践已成为必不可少的教育手段。

二、高职院校实践育人的模式探讨

（一）学生社团育人模式

大学生社团是以学生自身的兴趣与特长为基础，自主开展活动的组织，对大学生特长及各种能力习惯的培养都起着良好的促进作用。社团是大学校园文化的承载者与传播者，是学生在校生活必不可少的一个重要存在。伴随各类实践活动的开展，学生可以从中获取知识，锻炼技能，提升素质与能力，同时获取快乐感与幸福感，加深对学校甚至是自身的认同感。因此，学生社团活动是实践育人模式中的一个重要环节。

在大学生社团建设中，教师应以科技社团为抓手，提升学生的动手实践能力。职业教育人才培养要求学生具备较强的动手实操能力，而以专业知识为基础，以创新创业为出发点的专业科技类社团是具备较高的实践育人特色的平台，可以弥补传统第一课堂在学生动手能力培养上的局限。科技社团可跨专业跨学院，让不同专业背景、不同能力水平的同学加入同一社团，取长补短，相互学习，进行知识能力的互补，全面加强与构建学生们的知识能力框架，更好地培育与促进学生的创新创业实践能力。大学生社团建设也可以以公益社团为抓手，将道德培育与动手实践相结合。高职院校的学生可归类为传统应试教育下适应力较弱的学生群体，此类学生的共同特点为自我意识较强，对外界的批判意识较强，对学校教师直接灌输的社会主义核心价值观接受能力较弱，对时事缺乏关注与参与性。而公益类的社团刚好可以激发学生主动参与社会活动、关爱他人、服务社会的意识。在活动的参与过程中，培养自主能动性和主人翁意识，重塑自信并获得成长。杭州科技职业技术学院旅游学院的志愿者工作部在2016—2017学年曾开展一系列志愿服务，并与生活部分管的“万花筒”贫困生社区合作，共同参与敬老院服务并协助交警维护交通秩序，通过多种类型的社会实践活动，让普通在校大学生及贫困生群体在实践中学习自我教育、自我反思，培养和塑造了学生们正确的价值观与人生观，在提升大学生动手实践的基础上进一步强化道德素质的培育。

（二）体能锻炼育人模式

大学生军训是实践育人的重要组成部分，也是实施素质教育的重要环节，多数学校将军训安排在大一新生进校的第一个月。这对于激发学生的爱国爱校热情，促进学校教学秩序，培养优秀人才都起到至关重要的推动性作用。在军训过程中，除了要求学生参加各种体能训练，如站军姿、走正步、队列训练等实际操练之外，还要求学生学习相应学时的军事理论课，加强理论知识与实际操练的有机融合。同时，军事与科技活动是密不可分的，并且与自然科学息息相关，军事体能锻炼为学生的专业理论和实操实践打下基础，有效拓宽了实践育人的路径。

（三）校企合作育人模式

高校实行实践育人需符合当前行业对人才的需求。正如前文所说，当前社会在要求大学生具备一定的理论知识的前提下，越来越看重实践操作能力。为顺应这一人才需求趋势，高职院校纷纷探索校企合作的教学模式，积极主动地迎合市场的需求。例如，杭州科技职业学院旅游学院对校企合作以两种途径进行宏观布局：一是实施中期定岗模式，对酒店管理高考班采用1 +0.5 +1 +0.5 的学制模式，设置学校与酒店双向交错人才培养模式。其目的是希望学生在掌握学校理论知识的基础上，进一步培养与强化酒店实操能力，再返校将理论与实践相结合，将理论与实践融会贯通。二是成立建设企业制学院。杭州科技职业技术学院旅游学院基于与杭州国际博览中心在 G20 峰会期间良好合作的前提下，与之共同创建“国博学院”，以“酒店管理专业 3 +2 班”为试点，以会展管理专业为学科基础，双专业共同进行课程体系的融合，充分利用行业师傅的技能知识传授，工学交替，是培养现代高素质高水平技能型人才的职业教育范式。

高职院校实践育人工作任重而道远。不仅需要思想政治教育工作者的共同努力，也需要专业教师的悉心指导，不断探索实践，抓好课堂的同时也要关注学生的实习实践，全方位开展理实一体化教学，工学结合，以培养出更多高素质高水平的高端复合型人才。

参考文献

[1] 国家中长期教育改革和发展规划纲要（2010—2010年）[N]. 人民日报，2010-07-30.

[2] 孔德忠，陈志祥. 高职院校校企协同育人机制的研究与实践[J]. 成人教育，2017，37（3）：70-72.

[3] 居继清，张华. 实践育人视阈下地方高校应用型人才培养路径探究[J]. 社科纵横，2013，28（8）：156-159.

[4] 高飞，李英平. 高职院校实践育人工作机制研究[J]. 文化建设，2016（3）：68-70.

[5] 田海斌，高朋敏. 建设优秀社团文化——探索高校实践育人新途径. 高校辅导员，2013（1）：41-44.

浅谈高职院校顶岗实习学生党员教育管理工作中存在的问题及对策

施炯炯

摘 要：顶岗实习逐渐成为高职院校教学的必修环节，针对顶岗实习期间学生党员教育管理工作存在重视程度不够、制度不完善、人员不到位、学生党员的身份意识不强、顶岗实习单位参与度不高等问题，通过完善有关制度、创新交流讨论载体、提高思想认识、创新校企合作模式等方式，确保顶岗实习学生党员教育管理质量。

关键词：高职院校　顶岗实习　学生党员　教育管理

一、顶岗实习、顶岗实习学生党员的定义

1. 顶岗实习

顶岗实习一般指高职院校安排在校学生实习的方式之一，在基本完成教学内容之后（一般安排在学生在校学习的最后一年），到专业对口的实习单位实习，综合运用本专业所学的知识和技能，完成一定的生产任务，牢固掌握在校期间所学的知识和操作技能，养成正确的劳动态度。顶岗实习不同于其他实习方式之处在于实习生需完全履行其实习岗位的所有职责，独当一面，具有

很大的挑战性，对学生的能力锻炼起很大的作用。

2. 顶岗实习学生党员

顶岗实习学生党员指的是暂时离开高职校园，进入学校相关合作企业参加顶岗实习的这一部分学生党员。由于学制等原因，这些学生一般为预备党员或刚转正就进入企业实习。

二、加强高职院校顶岗实习学生党员教育管理的意义

由于高职院校学制比本科院校要短，且学生在顶岗实习期间多为预备党员或入党积极分子，在外顶岗实习使得学生党员的流动性提加，容易忽视对这部分学生党员的教育和培养。学生党员的思想波动、顶岗实习企业位置分布广泛、从校园步入社会的环境变化给高职院校学生党员教育管理工作带来新的挑战。

首先，加强对顶岗实习学生党员教育管理，在实习期间能继续接受党组织的教育和培养，不仅能及时掌握这部分学生党员的思想动态，也能确保顶岗实习学生党员的发展质量。

其次，加强和改进顶岗实习学生党员的教育管理工作，建立高职院校学生党员教育管理的长效机制，壮大党员队伍、增强党的凝聚力和战斗力，提升学生党员质量，保持学生党员先进性，发挥学生党员的先锋模范作用，具有重要意义。

此外，随着校企合作的不断深入，顶岗实习成为高职人才培养的重要方式，不仅能充分锻炼学生的实践能力，也能提高高校产学结合的质量。

三、顶岗实习学生党员教育管理工作中存在的问题

随着“校企合作、产学结合”教育模式的进一步发展及“两学一做”学习教育的深入开展，高职院校对于学生党员的教育管理工作呈现出良好的发展态势，但仍然存在学生党员离开学校参

加顶岗实习教育管理不足的问题，主要表现在以下几个方面：

1. 对顶岗实习学生党员教育管理工作重视程度不够

随着学生党建工作日趋制度化和规范化，学生党员的教育管理工作越来越受到重视。对学生入党前的培养要求已逐渐提高，如组织学生参加业余党校的理论学习，吸引学生参与各类实践活动，对学生入党设立各类细则要求。但对学生入党后，特别是对学生党员顶岗实习期间的教育管理工作重视程度不足，使得有人认为预备党员已具备理论学习素养，只需适当提醒，对顶岗实习学生预备党员教育管理的要求不高。有人认为顶岗实习学生预备党员的流动性大，实际操作的要求高，工作难度大，所以降低了思想教育管理的要求。

2. 顶岗实习学生党员教育管理制度不完善

目前，我国高职院校对学生党员的教育管理制度大多是针对在校学生党员制定的，专门适用于顶岗实习学生党员的党建工作制度仍处于起步和摸索阶段。这就导致顶岗实习学生党员的教育管理工作不能很好地开展，学生党员的组织发展与考察工作受到时空的约束。

3. 学生党员的身份意识不强

部分学生党员在顶岗实习期间对自身的要求不高，进入职场以后党员身份意识不强，停留在普通学生层面，发挥党员的先锋模范作用不强。

4. 教育管理的人员不到位

目前高校负责学生党建工作的主要是一些基层辅导员，而这些辅导员大多是入职不久的年轻人，且很多没有经过相关的专业培训，缺乏成熟的党务工作经验。一些党务工作者除了负责党建工作外，还承担教学、行政等其他工作，时间和精力有限，对顶岗实习学生党员教育管理工作难以做到位。随着党建工作的要求不断提高，负责该项工作的相关人员如果没有进一步加强学习，对学生党员的教育和管理工作就很难做深、做细。

5. 顶岗实习单位参与度不高

顶岗实习单位只负责基本职业技能的传授，对实习学生的考察也停留在技能层面，往往忽视对学生思想态度的要求。即校企合作还停留在专业层面，需要将行为和思想指导渗透到学生顶岗实习的细节之中。

四、针对问题的对策

（1）提高学生思想认识，明确高职学生的定位，充分发挥学生党员的先锋模范作用。从入党积极分子开始提出表率作用要求，提高思想认识；在顶岗实习前，对学生党员、入党积极分子开展相关培训，明确要求，夯实理论基础。要求学生党员在顶岗实习前树立牢固的党员身份意识。

（2）完善有关制度，围绕思想汇报、理论学习、实践表现等制定《顶岗实习学生党员管理办法》，加强管理、教育与监督。配足具有相关知识的辅导员，或对负责学生党建工作的辅导员进行系统培训，提升工作能力。

（3）创新载体，加强网络教育管理平台建设。首先，建立网上党员之家。其次，基层党支部要充分利用好 QQ、微信等网络平台。例如，通过支部 QQ 群定期开展时事政治及社会热点的专题讨论；通过 QQ 视频会议开展网络民主生活会、网络微党课等。

（4）创新企业与学校的合作模式，让部分入党积极分子、学生党员有计划地参与企业的组织生活。以学生为单位，形成临时党支部，邀请部分优秀的企业党员讲课等。

参考文献

［1］王钟斌．高职院校顶岗实习学生党员教育管理工作中的问题与对策［J］．长春教育学院学报，2013，29（6）：149－150.
［2］杨丽贞．高职院校顶岗实习学生党员教育管理新途径初探［J］．牡丹江教育学院学报，2010，6（4）：81－82.
［3］奚进．高职院校顶岗实习学生党建工作探析［J］．武汉船舶职业技术学院学报，2014，6（3）：63－65.
［4］王玮．高职院校顶岗实习学生党员教育管理途径初探［J］．天津中德职业技术学院学报，2017，1（14）：56－58.

浅谈辅导员如何做好大学生思政教育工作

史官雨

摘　要：依据高校思想政治教育工作“立德树人”的总目标，把思想政治工作贯穿教育教学全过程，实现全程育人、全方位育人的基本思想。结合实际工作，从课外活动、班会团会活动、信息网络等方面探讨了辅导员开展思政教育的具体路径。

关键词：辅导员　大学生　思想政治教育　实施路径

一、高校辅导员与大学生思政教育

习近平总书记在全国高校思想政治工作会议上指出：“要把思想政治工作贯穿教育教学全过程，实现全程育人、全方位育人，努力开创我国高等教育事业发展新局面。”高校辅导员是大学生思想政治教育的主力军，辅导员的主要工作之一是帮助高校学生树立正确的世界观、人生观、价值观，确立在中国共产党领导下走中国特色社会主义道路，实现中华民族伟大复兴的共同理想和坚定信念，积极引导学生不断追求更高的目标，使他们中的先进分子树立共产主义的远大理想，确立马克思主义的坚定信念。思政课程对于辅导员来说是一项任重道远的必修课，要让每一位同学感受到来自师长的温暖，在生活中融入思政教育。

作为一名高校辅导员，应从政治、文化和服务三方面践行新形势下的思想政治教育工作，并通过全程育人，当好学生成长的辅助者和勤务兵；以智启人，做好学生发展的关爱者和守护神；立德树人，调好青春方向的导航仪，不断提升自己做好大学生思想政治工作的能力和水平。

二、高校辅导员开展思政教育的具体路径

如何结合实际工作做好思政教育，是每一位辅导员都需要思考的问题。作为一名刚刚入职的辅导员，对此有三点想法。

1. 在课堂外融入思政教育

辅导员的工作阵地和任课教师的工作阵地不同，辅导员工作的主要阵地是办公室、宿舍、活动场地等而非教室，从事管理工作的辅导员很少能在教室里对学生进行思政课程教育，所以课堂外就成了我们的主战场。任课教师在课堂上对学生进行思政课程教育，课后的思政教育主要由辅导员完成。

辅导员在平时工作中要融入思政教育，首先要从自身做起。榜样的力量是无穷的，做学生们的榜样，在工作和言谈中约束自己、完善自己、向学生传达正能量，在潜移默化中对学生进行思政教育。在日常工作中和辅导员接触最多的就是学生干部，辅导员首先要把学生干部培养成对社会、对国家有用的人，再让学生干部去影响普通同学，从而形成良性循环。

作为师范专业的辅导员更要严格要求自己，谨记学高为师、身正为范。师范专业的学生毕业后在从事教学工作时难免会参考、模仿自己曾经的老师是如何做的，所以我们要让自己成为学生们的好榜样，传承师爱文化，传承爱满天下。

辅导员要经常到寝室、食堂、课堂找学生聊天，了解学生的

学习和生活动态。有的学生对教师有一种天生的惧怕感或疏远感，我们要主动走到学生身边，关心学生的学习和生活，与学生亦师亦友，消除他们对教师的惧怕感和疏远感。在和学生的交谈时不要拿出教师的权威，而要以大哥哥、大姐姐的身份走进他们的内心，向他们传递正能量，用身边的小事影响他们。

2. 在班团会中进行思政教育

班会、团会是辅导员进行思政教育最好的阵地之一。班团会以班级为单位，参与学生多，参与面广。辅导员要引领各班班干部创新班团会，增强学生参与的热情，让他们在班团会中自觉接受教育。

现在很多大学生没有理想信念，缺乏信仰，没有形成正确的世界观、人生观、价值观。在市场经济驱动下，追求市场经济的利益化原则，使他们淡化了对理想信念的追求。他们强调主体意识，注重个人奋斗和竞争，注重自我发展，但部分学生过分强调个人利益，忽视他人、集体和社会的需要。他们普遍对班团会不感兴趣，对班团会几乎没有参与热情，而班团会恰恰是让学生接受思政教育、形成正确“三观”的重要方法之一。我们要了解学生为什么不喜欢班团会，他们喜欢什么样的班团会，不断创新班团会形式，增加班团会的内涵，将以往以教师为主的班团会，转变为以教师为辅，以学生为主的新形式。

在班团会中潜移默化地教育学生不是一件容易的事，但人才的培养不是一蹴而就的，辅导员需要在工作积累中不断寻找方法，进行反思与学习，切实把思政教育落到实处。

3. 通过网络进行思政教育

受社会网络信息化高速发展的影响，高校校园的网络信息化环境也在不断地发生着变化，大学生使用智能设备登录互联网的频率远远高于社会大众的平均水平，大学生喜欢新鲜事物，对网络中各种信息的关注程度也很高。传统的思政教育已经不能激起学生们的兴趣，思政教育工作者应与时俱进，利用大学生对网络媒体和网络信息的兴趣，尝试新的教育途径和方法。例如，鉴于大学生对 QQ、微信、微博等网络媒介的喜爱，思政工作者也应使用相应的网络媒介与学生互动，与学生展开平等的交流对话；又如，鉴于大学生喜欢搜索和阅读网络信息，思政工作者可以把思想政治教育的内容“搬”到网上，吸引大学生前来搜索和阅读。

三、结语

思政教育对于每一位辅导员来说任重而道远，我们必须不断创新，了解学生动态，从学生中来，到学生中去。我们要不断学习，用理论武器武装自己，在实践中检验自己，真正做到引领学生成长，做学生的引路人，切实做好立德树人。

[1] 习近平在全国高校思想政治工作会议上讲话［N］. 中国教育报，2016－12－09.

[2] 王俊娜. 辅导员工作课程化的探析：实现辅导员工作和思政教学工作的双赢［J］. 西安文理学院学报（社会科学版），2012，15（2）：104－106.

[3] 鹿明，马志强. 主题班团会等教育活动对学生道德人格的影响［J］. 山西农经，2017（18）：117.

陶行知职业教育思想对高职思政教育的启示
——以高职师范生教育实践活动为例

王金丹

摘　要：探讨了陶行知的职业教育思想在高职师范生思想政治教育中的重要指导意义，结合高职师范生实践教育活动，从坚持德育为首、树立正确的培养目标、教育培养过程中坚持以学生为主、在对学生的教学上坚持知行合一原则、注重实践能力培养等方面探讨了陶行知教育思想在高职师范生实践教育中的具体运用。

关键词：高职　教育思想　思想政治教育

陶行知先生是中国伟大的教育家，他毕生致力于中国人民的教育事业，创办了多所名校。陶行知先生的教育思想对我国的教育事业发展起到了积极的促进作用。师范教育的思想是陶行知先生博大精深的教育思想的重要组成部分，高职阶段的师范教育对于学生今后的思想和行为的成熟起着重要的作用，将陶行知的师范教育思想和职业教育思想运用对于高职学生的思政教育中，能够帮助学生更好地实现作为一名教师的抱负，也能帮助我国的高职师范教育走向正轨。

一、陶行知职业教育思想在高职思政教育中运用的意义

进入高职之后，学生处于更加自由的求学和教学氛围，在这样的环境下，能否抓好学生的思想政治教育工作关系着学生价值观是否正确。所以，在高职开展思想政治教育工作十分重要。高职凝聚每一个青年学生的心，思想政治教育工作不仅要把党史的精神传授给学生，更重要的是把他们牢牢地团结在党的周围，更好地服务于社会主义建设。现今，青年学生面临更多的诱惑，尤其是刚从紧张的高中生活中解放出来的高职学生，经过高中阶段高度紧张的学习之后，可能无法迅速适应高职的氛围，难免会受到一些不良思想观念的侵蚀，所以只有把握好高职的思想政治教育工作才能让每一位学生的思想观念更加纯洁。

高职师范类的培养目标是让学生能够在毕业之后成为一名人民教师教书育人，因此在高职师范生的教育中更应该注重思想品德的教育。陶行知的教育观念中最重要的就是知行合一，这对于职业教育学校的学生来说更具有实际意义。高等职业教育与普通高等院校教育的区别就在于高等职业教育更注重对学生实践能力的培养，这是职业教育发展应该坚持的原则。“知行合一”是指既要重视理论知识学习也要注重实践能力培养。陶行知的教学观念对近现代以来我国的教育发展起到了积极的促进作用。中国是一个农业大国，农民比例较高，职业教育的开展对于农村教育的发展来说意义重大，尤其是定向师范生的培养。一个合格的师范生能够带来的影响是巨大的，当这些优秀的师范生回到农村之后，对于农村教育的影响可想而知，所以一定要坚持在高职师范生教育中运用陶行知的职业教育思想。

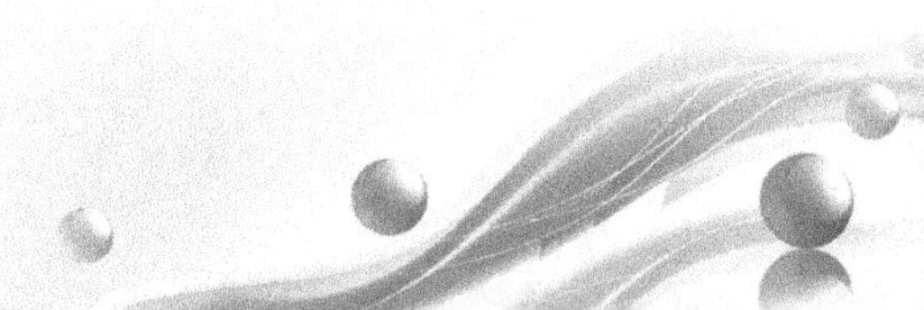

二、陶行知教育思想在高职师范生教育实践活动中的具体运用

1. 对于高职师范生的教育要坚持德育为首

陶行知的教育思想体现了先生对于教育事业和学生的热爱，在对师范生的教育过程中应该注重行为品德的培养，只有具备良好品德的人才能在教育工作中坚持本心，为学生的全面发展考虑，因此在师范生的教育中一定要坚持德育为首。陶行知的德育思想包含的内容很多，如德育目标、德育方法等，是一个比较完整的教育思想体系。在对高职师范生的教育中一定要注意树立正确的培养目标，培养学生具有“真善美”的人格，只有坚持真善美，才能让我们的教育事业发展得更为顺利。在高职师范生的教育中要多加一些德育课程，除了课本中涉及的教学内容之外，教师和学校还应该注意开发多种教学内容，可以组织一些志愿活动，鼓励学生参加，也可以增加一些支教的活动，让学生在支教过程中就认识到作为一名教师应该做的事情，明确自己将来的职业规划；也可以组织去养老院或孤儿院的志愿活动，锻炼学生的实践能力，培养他们对社会的关爱之情，只有树立起正确的德育思想，才能在今后的学习和工作中树立正确的价值观念。高职师范生在进入高职院校之后，思想会发生变化，可能会对周围的人和事有一些看法。这时我们应该注意对学生进行疏导，不要一味地进行思想防堵，否则对学生良好思想观念的形成十分不利，也不符合陶行知先生的德育思想，只有学生自主接受教师的指导，才能从根本上改变自己的不良行为，并且以一个教师的标准要求自己。

2. 树立正确的高职师范生培养目标

高职教育和普通高校教育有着本质上的区别，因此在对高职

的师范生教育时应注意与普通高校师范生进行区分。高职阶段学生的文化底子不是特别扎实，因此教育应该具有针对性。高职院校培养的师范生是区别于高校师范生的。普通高校培养的师范生大部分文化涵养比较高，他们走向社会之后更多的是从事高中或者以上阶段的教育。高职师范生毕业之后主要从事小学阶段教育或者幼儿园教育。这一阶段的教育对教师的文化素养要求很高，教师对学生要有爱心，要能够帮助学生树立正确的观念，这就是高职师范生的培养目标。我们要培养的不是每一科目都拔尖儿的人才，而是能够在基层的教育岗位上认真工作的人，因此在教育中一定要明确这个培养目标。根据陶行知的教育观念，对高职师范生应该注重培养学生平等交流的能力，在校期间就要锻炼学生平等交流的意识，这样他们在走向工作岗位后才能与学生平等交流。陶行知的教学理论就是“捧着一颗心来，不带半根草去”，他认为，虽然现在学校的教育对学生的思想政治培养很重视，但是实际的教学中学生实践的机会很少，只能做一些基本练习，在学校期间的试讲也是在课堂上进行的，这对学生的培养是不利的，我们应该注意对学生实践能力的培养，以正确的培养目标要求学生。

3. 教育培养过程中坚持以学生为主

陶行知先生主张教师不仅要教学生知识，更重要的是要教学生学会学习。“教的法子必须是学的法子”，这是陶行知先生的原话，因此在对高职师范生的教学中一定要以学生为主体，帮助学生学会学习。以学生为主的教学观念，应该体现在教师对学生的能力培养上。比如，不能采取传统的“填鸭式”教学模式，师范本来就是实践性很强的学科，在教学过程中，教师应采取问题引导或小组合作讨论的方法进行教学，多设置一些能够让学生参与的活动，让学生在校期间就习惯讲台，能够按照一个教师的标准要求自己。高职师范生的教学目标制定不能以获得教师资格证为标准，一定要注意对学生言谈举止的培养。另外，课堂监测标准的制定也应该充分尊重学生的主体性，所以对学生的课堂监测不能单纯地依靠测验成绩来划分，在标准制定上要考虑学生的个性特点，让每一个学生都能实际感受到自己的进步，并且用一些实践活动来代替课堂检验，这样学生学习的积极性会大大提高。

4. 在对学生的教学上坚持知行合一原则

对于高职师范生，要注重对学生“学”的能力的培养，在校期间学习的很多知识都是理论知识，要把这些理论知识运用于实践，就需要每一名教育者运用知行合一的原则要求学生。比如，讲到教师的职业守则要求教师爱岗敬业、关爱学生时，就可以举例：下班时间到了，作为教师的你在学校门口看到有社会小青年对你校的学生进行殴打或威胁，这个时候你会怎么做，让学生想一想自己应该怎么做。学生根据自己对课本的理解进行回答后，教师来判断学生对于课堂知识的理解程度。这是对学生知行统一原则的判定。

5. 注意对高职师范生实践能力的培养

高职师范生走出校门之后，大部分会直接进入工作岗位，如果在校期间没有对其的实践能力进行培养，在走向社会之后他们会遇到各种各样的问题，不仅不能作为教师帮助学生学习，还会影响学校的教学质量。所以，在校教育时一定要注意对学生实践能力的培养，知行合一就是如此。高职院校可以与周边学校或山区的学校合作，帮助学生开展教学实践。在山区学校开展教学实践不仅能锻炼学生的教学能力，还能对学生的品德进行洗礼，帮助学生从内心爱上教育这个行业。实践过程中教师要注意观察学生的心理活动，帮助学生适应教育这个行业，让学生在学校期间就能够掌握教书育人的能力，将来走向社会后能够成为一名优秀教育工作者。

三、结语

高职院校的思想政治教育工作是与时代发展紧密相连的，也是与青少年的发展紧密相连的，在高职院校中做好思想政教育工作需要全体教师和学生的配合，需要高职院校不断创新教学模式，让每位高职学生有更加长远的发展。只有在思想政治教育的过程中尊重学生的主体意识，尊重现代学生的特点，才能够因材施教，培养出具有中国特色的、能够适应社会主义建设的高素质人才。

参考文献

[1] 江允英．陶行知职业教育思想的当代启示 [J]．岳阳职业技术学院学报，2017，32 (3)：48 –51.

[2] 杨海潮．用陶行知教育思想指导我们办学实践 [J]．中国农村教育，2017 (3)：14 –17.

[3] 李斌，周石峰．陶行知乡村师范教育思想探究 [J]．赤峰学院学报 (自然科学版)，2016，32 (5)：223 –224.

[4] 彭远明，杨志红．陶行知教育思想对新时期师范教育的启示 [J]．黑龙江高教研究，2013，31 (10)：107 –108.

心理健康教育

“互联网+”时代高职院校心理健康教育模式构建研究

陈　娜

摘　要：针对目前高职院校心理健康教育工作存在心理机构不规范、师生配比不足、教育内容枯燥、网络平台利用率低等问题，将心理健康教育工作与互联网深度融合，提出“互联网+”时代高职院校心理健康教育模式的构建理念和原则，结合线上线下二元模式，以学生的心理需求为中心，以“学校、家庭、社会”为依托，以“网络平台、干预体系、互助联盟、普及教育”四大模块为载体，构建符合时代发展要求的高职学生心理健康教育模式。

关键词：心理健康教育　模式　互联网+　网络平台　建构

高职院校心理健康教育一直以来受到高校的重视，工作模式探索也在不断改进，随着“互联网+”时代的到来，心理健康教育在新时期需要结合新的需求、新的变化，构建符合时代要求的心理健康教育模式。

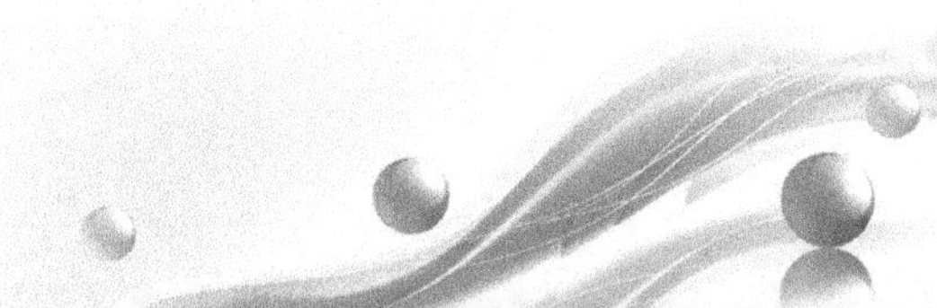

一、高职院校心理健康教育工作现状

1. 心理健康教育机构发展速度快，但建设不规范

高校各级部门都认识到心理健康教育的重要性，但是大部分还停留在意识阶段，没有落到实处，很多保障措施没有到位。例如，有的学校对心理健康教育工作没有科学整体性的认识，机构命名不规范；有的学校没有按照国家教育部的规定配置专业人员；有的学校对心理从业人员缺少发展和激励考核机制，缺乏配套的资金支持；有的学校在场地和设备方面存在问题；等等。

2. 心理健康教育队伍庞大，但教师不够专业

高等职业院校一般没有设置心理学专业，心理健康教育主要由辅导员、班主任、心理教师负责。虽然三类人员人数众多，但缺乏专业知识，心理健康教育的力量依然薄弱。

3. 教育内容单一，学生认可度低

高校每年都会开展各种心理健康教育活动，但是很多活动内容比较单一，有特色的活动较少，让学生记忆深刻的活动不多，心理咨询普及率不高。中国青少年研究中心的报告显示，在学生遇到困惑的时候，将近80%的同学选择向朋友倾诉求助，仅有2.5%的同学会向心理咨询师咨询。有些同学表示，有时候去咨询室找教师的时候，常碰到教师太忙或不在，长此以往，学生就对心理咨询失去了信心。

4. 网络心理平台良莠不齐

每个学校在心理健康教育方面都有自己的管理风格和特点，虽然国家要求各高校建立网络平台，但是很多平台没有校本特色，或者购买的商业平台不能满足管理需求。有些平台仅用于心理信息发布，有些仅用于咨询或测试。在各大高校数字化校园的建设中，没有统一考虑心理教育这个方面，造成信息零碎化，使

用频率不高，没有联动作用。

二、构建“互联网 +”时代高职院校心理健康教育模式的必要性

中国互联网信息中心发布的第 40 次《中国互联网络发展状况统计报告》显示，截至 2017 年 6 月，中国网民规模达 7.51 亿，互联网普及率达到 54.3%，其中手机网民 7.24 亿，占比为 96.3%，网民中学生群体规模最大。

“互联网 +”的提出带动了各个传统行业的快速发展，心理健康教育工作在“互联网 +”的大时代背景下，也需要创新教育模式，让心理健康教育焕发出新的活力。如今的高校心理健康教育，需要以学生的心理需求为核心。经过多年的普及教育，学生们对心理健康知识有所了解，但是对线下心理援助还是有所避讳，他们有网上寻求帮助的心理需求。网络平台的隐匿性、平等性和开放性吸引着广大学生在网络上交流信息，在网络上他们可以做自己的“主人”，可以在虚拟的世界里做自己想做的事情，满足自我实现的需求。所以构建“互联网 +”时代线上线下结合的心理健康教育模式是必要的。

三、“互联网 +”时代高职院校心理健康教育模式的构建

“互联网 +”时代高职院校心理健康教育模式以积极心理学、人本主义心理学为理论依据，利用互联网络技术、云计算、大数据、移动互联网的优势，结合线上线下二元模式，依据高职学生心理健康教育内容，以学生心理需求为中心，以“学校、家庭、社会”为依托，以“网络平台、干预体系、互助联盟、普及教育”四大模块为载体，构建符合发展要求的高职学生心理健康教

育模式，如图1所示。该模式需要满足保密性原则、平等互助原则、开放性原则、全员参与原则，以及实用性原则。

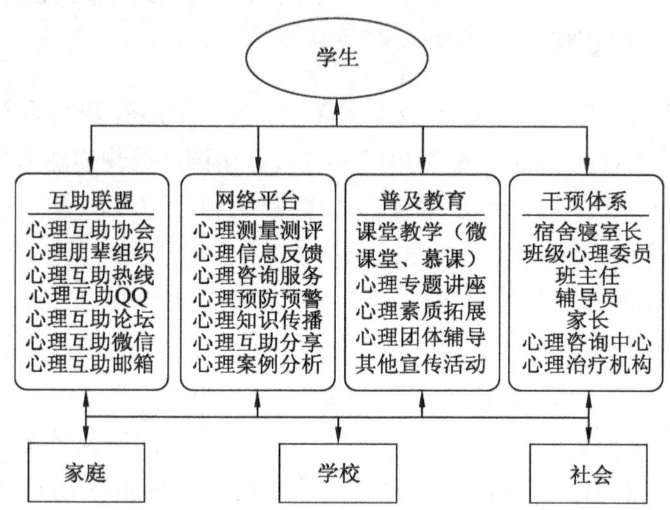

图1 “互联网+”时代高职院校心理健康教育模式

1. 干预体系：七级联动联盟者

心理健康教育的关键在于基础保障，高职院校需要以学生为中心，依托学校、家庭、社会的力量，构建寝室长、心理委员、班主任、辅导员、心理咨询师（校级心理健康教育中心）、家长、心理医生（医疗机构）七级联盟监控体系，如图2所示。平时由寝室长观察记录寝室成员的心理晴雨表，每周由心理委员汇总上报班级学生的基本心理情况，当同学出现异常时，根据情况的严重程度由不同层面的援助人员介入。与此同时，学生们平时的心理成长状态和危机干预情况都需要通过网络平台记录，实现学生心理档案的实时、动态管理。

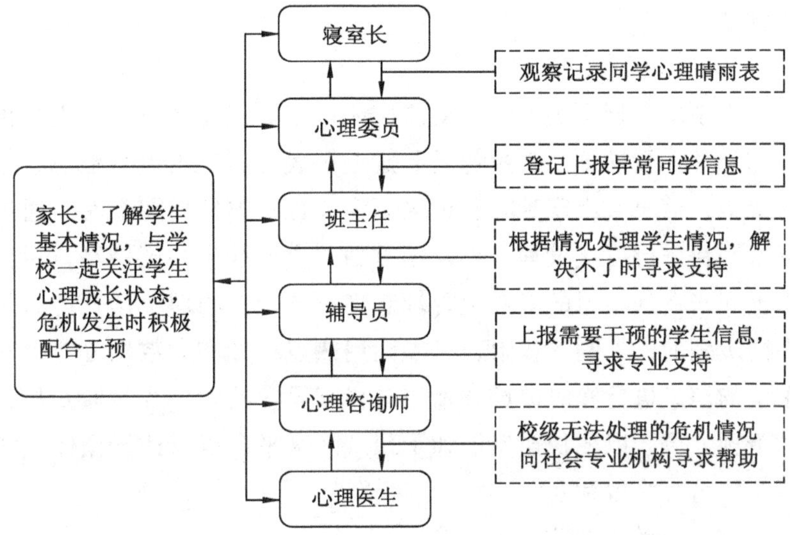

图 2　七级联动心理监控体系

2. 网络平台：连接载体

很多学校的心理健康教育平台只是简单地发布一些心理知识，或者购买的商业平台不能很好地进行心理管理。模式中提出的心理健康教育网络平台需要依托校内网，对接教务系统学生基本的学籍信息，利用先进的计算机技术，搭建符合校本管理和教育要求的平台模块。

(1) 心理档案管理

在国外，学生自入学开始就有相应的心理档案，在他们学习的每个阶段都可以查询到相关的记录。在国内，虽然心理健康教育引起了社会的重视，但是建档工作相对薄弱。模式中的心理健康教育网络平台在学生入学时就对接教务信息，通过心理普测和自测建立学生最初的心理档案，在大学期间随时记录学生的心理状态，有异常的同学需要详细记录异常情况、干预措施和效果等内容，完善学生的心理档案。管理人员还可以对心理档案进行分类管理。

（2）心理干预管理

大学生心理干预七级联动监控体系需要依托网络平台进行报送和管理。目前很多学校都是制定上报表格，人工填写汇总，每月上报，信息会出现延时和记录不全，也不方便后期查阅。通过网络平台进行报送管理，可以随时随地查询学生心理档案，对于管理起来在外实习的毕业生管理起来更方便。心理干预管理给予不同级别的人不同的权限，可以利用热点统计和大数据分析，对学生的信息进行实时监控和筛选，将有异常的学生及时通知相关的干预人员，以便快速反馈和干预。网络平台可以让干预体系实现全覆盖、高效和及时。

（3）网络心理咨询服务

网络心理咨询是网络心理健康教育的主要途径，心理咨询的对象是人，需要咨询师和来访者建立合理的咨询关系。但是在网络上，咨询者既真实又虚幻，咨询师在咨询时需要全方位了解咨询者的情况，但是在网络咨询的过程中看不到对方的表情，所以有时候可能会接收到一些错误信息。联盟网络的网络心理咨询服务建立在所有在校学生的心理档案基础上，只要有同学通过网络咨询，咨询师都可以快速查阅到该生的一些基本信息，根据以往的历史情况进行鉴别。网络咨询可以根据学校安排，给专兼职心理咨询师排班，提供QQ、微信、BBS、留言、邮件等咨询方式，当有学生通过以上方式咨询时，他的心理档案会智能链接到咨询师那里，为咨询师提供较为全面的信息。咨询结束后，咨询师通过网络及时将咨询情况记入学生心理档案。

（4）心理互助分享

朋辈心理辅导在美国非常普遍，它是指经过选拔和培训的非专业的心理工作者向同龄人提供帮助的过程，当然这些朋辈咨询师需要受到专业人士的督导。在国内，朋辈组织比较落后，由于高职院校基本上没有心理学专业的学生，所以朋辈咨询师更是参差不齐，但是朋辈咨询师在大学生心理健康教育的过程中又是不可忽视的强大力量。心理互助分享模块通过网络平台设置情绪宣泄墙或留言板，同学们可以将困惑或情绪写在上面，朋辈咨询师或其他同学看到后可提供意见和建议。当发现一些特殊情况时，他们会第一时间@专业人士。

（5）心理案例库

虽然网络心理咨询和心理互助分享都可以给学生提供答疑解惑的渠道，但是学生有时需要更加快捷地得到答案。在心理案例模块建立一个大学生心理案例库，其中囊括各种不同的贴合学生实际的案例描述和心理解答，学生只需要输入关键词就可以查找到相关内容的案例分析。

（6）心理知识家园

心理知识家园模块提供一些心理书、心理电影、心理游戏、心理美文、心理常识、心理调适技巧等方面的内容，通过 APP 和微博、微信公众号推送。

（7）网上心理课程

心理健康教育课程在很多大学已经成为一门公共必修课，在互联网时代，更要充分利用网络上的优秀资源进行授课。本模块可以提供网上心理课程的接口，将线下课程与线上课程相结合，整合多样化的心理课程资源，让学生可以通过网络学习相关知识。

3. 互助联盟：运行机制

心理健康教育希望实现助人自助的目的，这需要全员参与。根据学校实际成立心理部、心理协会、朋辈团队等相关组织，选拔对心理知识感兴趣且有胜任能力的同学参加相关的专业培训和考核，合格后让他们以同龄人乐于接受的方式宣传心理健康知识，帮助同学们认识自我，快乐成长。线下采用不同的主题设定互助小组开展活动，线上依托网络建立心理互助QQ、互助微信、互助微博、互助邮箱、互助论坛等学生比较喜欢的平台，在这些平台里除了受过训练的同学给予答疑解惑外，其他热心同学也可以积极参与提供帮助，形成“助人自助，快乐成长”的氛围。

4. 普及教育：基础保障

大学生心理健康基础普及教育在课堂，学校除了开设必修的“大学生心理健康教育”课程以外，还可以有针对性地开设一些选修课，如“积极心理学”“心理学与生活”“心理影片赏析”“性心理”“消费心理学”“拖延心理学”等，进行课程设计时引入互联网思维，利用智慧教学工具打造精彩的课堂，及时更新教学内容，优化教学资源。除了基础课堂教学以外，学校可以组织开展各类线上线下的心理健康教育活动，比如心理情景剧大赛、心理讲座、心理宣传品设计大赛、心理电影展播、心理团体素质拓展、心理沙盘游戏、心理团体辅导、心理主题班会等，通过拓展延伸性的活动让学生进一步体验和学习心理健康知识。

四、结语

“互联网+”时代高职院校心理健康教育是一项任重而道远的工作，国内高职院校在心理健康教育工作方面已取得了一定的成绩，但是还存在资源匮乏、内容枯燥、信息延时、机构不健全、系统集成性差等问题。“互联网+”时代高职院校心理健康教育模式积极探索学生的真正心理需求，利用互联网的优势将所有参与主体组成联盟战线，实时监控心理动态，及时进行危机干预，同时通过各种形式的宣传教育活动培养学生积极的心理品质，帮助学生实现助人自助、积极快乐的目标。

参考文献

[1] 中国互联网络信息中心．第40次中国互联网络发展状况统计报告［R］．2017．

[2] 刘艳，蒋索．学校环境中的积极行为支持——一种可借鉴的心理健康教育模式［J］．北京师范大学学报（社会科学版），2016（4）：20－30．

[3] 何思彤，葛鲁嘉．高校朋辈心理辅导时代转向的理论条件探析［J］．黑龙江高教研究，2016（2）：40－43．

[4] 王佳利．大学生网络心理健康教育积极模式研究［J］．学校党建与思想教育，2016（12）：58－60．

[5] 周莉，雷雳．美国朋辈心理咨询模式及其对我国的启示——以美国斯坦福大学为例［J］．教育理论与实践，2016（15）：51－53．

[6] 赖海雄，张虹．中美大学生心理健康教育比较及其借鉴［J］．心理健康教育，2016（9）：93－97．

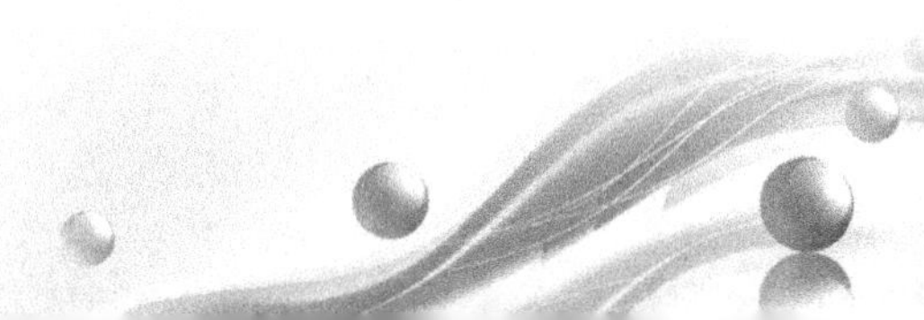

高职院校大一学生的自我探索状况调查与辅导研究

——基于杭科院城建学院大一新生的实证研究

翟清菊

摘　要： 自我探索是对自我的全方位认识。基于对500余名高职大一新生自我探索状况的问卷调查，分析了当前高职院校大一新生的自我探索现状，并尝试将团体辅导与班级辅导相结合，找到促进大一新生实现自我探索的方法。

关键词： 自我探索　高职院校　大一学生　班级辅导　团体辅导

一、自我探索概述

人格心理学研究将自我探索看作青年人格发展的核心，而大学正是青年个体形成社会角色、确定人格的关键阶段。经历中学到大学剧烈转变的大一新生往往在适应调适、自我认识、角色转变等方面面临着各种矛盾与冲突，而这些冲突恰恰来源于他们对于自我的不确定性危机。依据埃里克森的八阶段理论，大一新生正处在第五个阶段，自我同一性和角色混乱是这个阶段的危机，如果不能顺利实现自我同一性，将会导致社会角色冲突，也会影响后面三个阶段的发展，进而对人生产生绝望感、沮丧感。因此，鼓励大一学生进行自我探索显得尤为重要，不仅有利于引导大学生树立正确的自我意识，促进其选择并确定适宜的社会角色，而且可助力学生顺利完成社会化。

与自我、自我意识等概念相比，自我探索更像是一个生活用词，从静态的视角来看，它可用于表示个体对于自我的认识状态，抑或是对于自我的了解程度；从动态的角度来看，它是个体认识自我的过程，包括对于自我性格、能力、兴趣、价值观的全方位认识。

本文更倾向于第二种诠释，把“自我探索”理解为个体全方位认识自我的动态过程。自我探索涉及自我的方方面面，诸如性格、兴趣、能力、价值观、自尊、自我同一性、自我概念等。表面来看，自我的各个领域都是独立分开的，实则它们都是构成“自我”这个整体的部分，它们在自我探索过程中相互勾连、密不可分，因此，必须把自我的各个方面看成一个有机整体，对自我的各个领域进行整合、协调，认识全面的自我，挖掘自我价值。

二、高职大一学生自我探索的现状调查

以杭州科技职业技术学院城市建设学院 2016 级新生为例，于 2017 年 5 月对城建学院 2016 级 503 名大一学生进行了问卷调查（见附件），样本覆盖 2016 级 12 个班级的全体同学，其中男生 323 人，女生 180 人，样本具体分布见表 1。

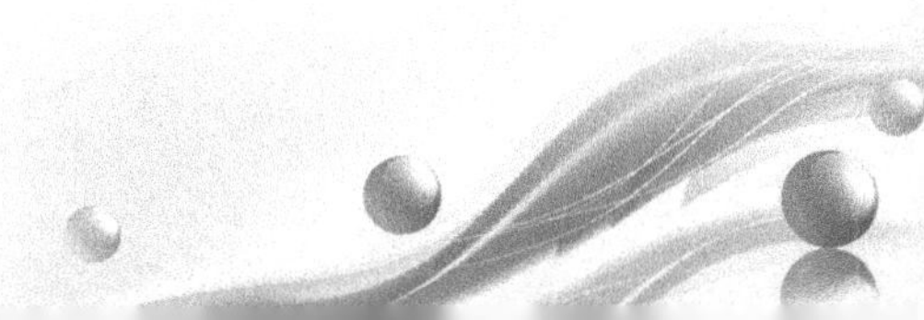

表1　关于高职院校大一学生自我探索状况的问卷调查样本构成情况

班级	男生人数	女生人数	合计
建工 1601	27	16	43
建工 1602	29	13	42
设备 1611	38	1	39
设备 1622	31	3	34
市政 1611	38	6	44
市政 1612	37	6	43
市政 1613	32	11	43
造价 1601	24	20	44
造价 1602	23	20	43
房产 1601	8	36	44
房产 1602	8	35	43
设计 1601	28	13	41
合计	323	180	503

本次问卷调查，共发放问卷 503 份，回收有效问卷 503 份，有效率为 100%。

（一）关于自我探索的认识

在 503 名新生中，只有 53 人表示对自我探索有所了解，占样本总数的 10.54%；将近 70% 的被访者表示“听说过”自我探索，但是不了解；接近 20% 的人“没听说过”自我探索这一概念（见表 2）。综合来看，大部分大一新生知道存在自我探索这样一种认识自我的形式，但对于自我探索具体是什么并不了解。可见，大一新生自我探索还处在起步阶段。

表2　对自我探索的认识情况

你知道“自我探索”吗？		
项目	数量	百分比/%
A. 了解	53	10.54
B. 听说过，但不了解	352	69.98
C. 没听说过	98	19.48

（二）关于自我了解状况

调查对象中，对自己非常了解的有48人，占全部被访者的9.54%；对自己比较了解的有83人，占全部被访者的16.50%；对自己一般了解的有80人，占全部被访者的15.90%；对自己不了解和非常不了解的分别有185人、86人，占全部被访者的36.78%，17.10%；其余21人表示不清楚是否了解自己，占全部被访者的4.17%（见表3）。可见，大一新生对于自我了解的情况并不乐观，超过50%的学生认为不了解自己，自我概念相对比较模糊。

表3　自我了解的状况

你了解你自己吗？		
项目	数量	百分比/%
A. 非常了解	48	9.54
B. 比较了解	83	16.50
C. 一般	80	15.90
D. 不了解	185	36.78
E. 非常不了解	86	17.10
F. 不清楚	21	4.17

（三）关于自我探索的重要性

如图 1 所示，在 503 名新生中，有 361 人认为自我探索比较重要，93 人认为“非常重要”，32 人不清楚自我探索是否重要，另有 17 人认为自我探索不重要。由此可以看出，超过 90% 的新生认可进行自我探索的重要性。

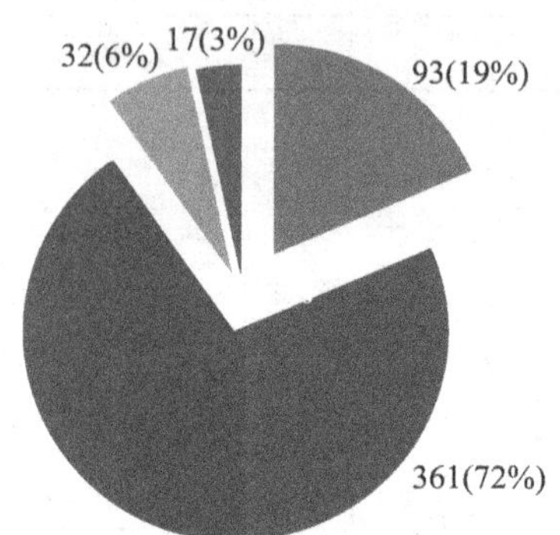

图 1　关于自我探索的重要性

（四）关于自我探索的意愿

在自我探索的意愿方面，有 365 名大一新生表示非常想要了解自己，比例高达 72.56%，接近 20% 的被访者对于了解自己持一般的态度，不想和非常不想了解自己的学生仅占全部被访者的 3.58%（见表 4）。可见，2016 级新生对于自我有较为强烈的探索意愿。

表 4　自我探索的意愿

你想了解自己吗？		
项目	数量	百分比/%
A. 非常想	365	72.56
B. 一般	98	19.48
C. 无所谓	22	4.37
D. 不想	15	2.98
E. 非常不想	3	0.60

（五）关于自我探索的难度

在关于自我探索的难度问题上，超过57%的学生认为“非常难”，超过20%的学生认为“比较难”，仅有6.36%的学生认为自我探索比较简单（见表5）。从统计结果来看，超过七成学生认为进行自我探索有难度。

表5　自我探索的难度

你觉得“自我探索”难吗？		
项目	数量	百分比/%
A. 非常难	289	57.46
B. 比较难	102	20.28
C. 不清楚	80	15.90
D. 比较简单	32	6.36
E. 非常简单	0	0.00

（六）关于自我探索的方向

调查结果显示（见图2），在503名被访者中，有100名新生最希望探索自己的情绪和情感，94人最想了解自己的人际关系状况，89人希望了解自我的性格类型与性格特征，分别有78人想探索自己的价值观和能力，42人想了解别人对自己的印象，其余22人想对自己的兴趣爱好进行探索。综合来看，新生想要了解自我的情绪、人际关系、性格、能力、价值观、印象、兴趣等方面，这为我们后续团体辅导或班级辅导确定主题提供了依据。

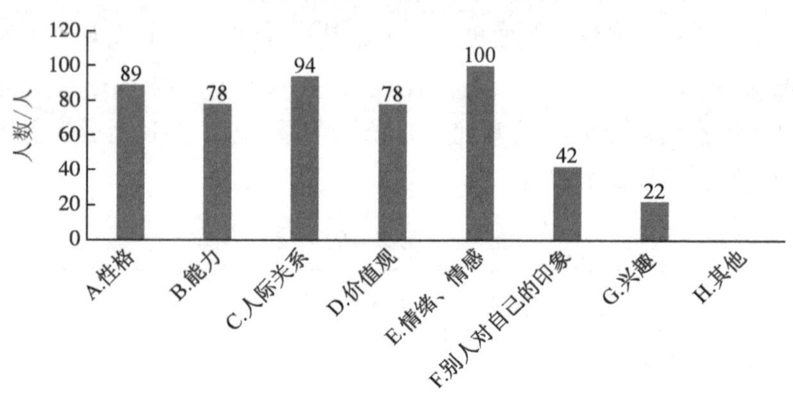

图2 自我探索的方向

（七）关于自我探索的方法

在关于自我探索的方法的问题上，超过40%的新生选择“自我评价”，选择通过他人评价来了解自我的有187人，通过参加团体活动或利用问卷测量等定性和定量的方法来了解自我的只占很少的一部分，分别仅占全部被访者的2.78%，4.97%（见表6）。可见，大一新生自我探索的专业性远远不够。

表6 关于自我探索的方法

你最常用的了解你自己的方法是什么？		
项目	数量	百分比/%
A. 自我评价	205	40.76
B. 他人评价	187	37.18
C. 团体活动	14	2.78
D. 问卷测量	25	4.97
E. 成长经历	52	10.34
F. 其他	20	3.98

综合调查结果来看，目前高职院校大一新生的自我探索状况可以总结为以下几个方面：

第一，自我探索的意愿较强，但缺乏方法指导。目前，超过72%的大一新生非常希望了解自我，但是绝大部分同学都感觉到自我探索“很难”，没有接受过专业的指导，也缺乏自我探索的平台和机会。

第二，自我了解不够清晰，自我概念比较模糊。调查结果显示，只有9.54%的新生表示对自己“非常了解”，有超过53%的新生表示不了解或非常不了解自己，这说明大部分大一新生的自我概念比较模糊，不了解自我，还有一部分同学进入大学后还未能达到自我了解的程度，在这样的情况下，我们需要唤醒学生的自我探索意识，创造更多促进学生进行自我探索的活动载体。

第三，自我探索辅导明显滞后。在调查中，当问及“你觉得‘自我探索’辅导应该从何时开始”时，24.65%的同学认为要从小学开始，25.25%的同学认为要从初中开始，39.76%的同学认为要从高中开始，而认为从大学开始自我探索辅导的只有52人，仅占全部被访者的10.34%。可见，目前自我探索的辅导工作已经明显滞后，大一新生的自我探索辅导工作亟待加强。

三、自我探索辅导：团体辅导与班级辅导相结合的方法探索

目前，鼓励和促进学生进行自我探索的高校并不多，也没有行之有效的专业方法，笔者试图将团体辅导和班级辅导相结合，面向新生团体和班级，开展自我探索专题团体辅导与班级辅导活动，并辅之以心理测评、职业测评等专业工具，鼓励新生实现自我探索。

团体心理辅导日渐成为与个案辅导相并存的工作方法被运用

到高校心理健康教育工作当中，它通常由辅导人员或者心理教师面对多个学生，基于群体动力学、社会学习理论、人际交互作用理论等原理，运用团体游戏、音乐放松、分享讨论等适当的辅助技术，促进组员之间的互动与分享，以协助组员进行自我探索，实现自我发展。团体辅导是将个体置于小组环境当中，利用团体场域的力量帮助每个个体在共同的问题解决氛围中探索自我，在此以"阳光一族"自我探索小组活动为例，进行分析。

为了促进大一新生实现自我探索，2017 年 3 月，"阳光一族"自我探索小组经过人员招募、访谈、筛选，最后确定了城建学院 2016 级 12 名有较强的自我探索意愿的新生作为组员，于 3 月 7 日正式开组，先后开展五次自我探索活动，活动方案见表 7。

表 7 "阳光一族"自我探索小组活动方案

序号	主题	活动目标与内容	方法
1	想把我说给你听	介绍自我，破冰建立团队规则	20 个"我是谁"
2	认识我真好	彼此熟悉，探索性格	连环自我介绍、MBTI、16PF 测试
3	我能做到的事	了解自己具备的能力，强化自我认同	特质拼盘
4	我的情绪我做主	了解自己的情绪变化，管理情绪	察言观色，情绪日记
5	我的未来不是梦	发现自己的兴趣，确立目标	霍兰德兴趣测试、我的自画像

此次团体辅导活动，重在鼓励组员在轻松的小组活动中，学会认识自我、介绍自我，并能运用心理测评和职业测评的相关工具对自己进行探索，进而在轻松的小组活动氛围中认识自我的性格、能力、情绪和兴趣，为自己的学习和生活树立较为明确的目标。在活动中，更多以学生为中心，尊重个体的主动性，引导每

个组员深入地参与小组的每一项活动，充分发挥团体辅导的力量。

然而，团体辅导也有其不可避免的劣势，比如，能够同时辅导的人数有限，一般只能选择 8 ～ 15 人，辐射的范围比较狭窄，当问题到全学院的新生时就会稍显无力。

在这种局限之下，我们尝试了班级辅导的方法，相对于团体辅导而言，班级辅导是面向班级的更大的团体辅导方式，采取主题班会、辩论赛、演讲比赛、撰写自我探索报告、心理测试、职业测评等多种形式鼓励班级成员进行自我探索。2017 年 10—11 月，"快乐家族"自我探索班级辅导活动面向学院 2017 级新生陆续开展，活动方案见表 8。

表 8　"快乐家族"自我探索班级辅导活动方案

序号	主题	活动目标与内容
1	探索自我的心灵花园	自我探索主题班会，唤醒自我探索意识
2	心中的自我	三分钟主题演讲，畅谈心中的我
3	人为自我还是为他人活着更快乐	班级辩论赛，理解自我与他人的关系
4	我的自画像	画出心目中的我，认识自我的身体
5	我的测评	组织班级心理测试、职业测评，借助测评工具认识自我
6	写给现在的自己	撰写自我探索报告，梳理成长经历，确立目标

通过比较不难发现，班级辅导与团体辅导两种辅导形式存在较大区别。比如两者的成员构成不同，班级成员是非自愿的固定组合，成员之间可能会存在矛盾，也难以完全保密；而团体辅导活动则是自愿报名的成员组合，同质性较高，保密性也会更强。

总体来看，班级辅导和团体辅导两种形式各有利弊，但都能从一定程度上促进个体的自我探索。在实际工作当中，我们可以考虑把班级辅导、团体辅导、个别咨询结合起来，分别用到不同的对象或群体身上。如果是全体新生班级面临自我探索问题，班级辅导当为首选，首先，通过班级辅导辐射全体新生，唤醒新生自我探索意识；其次，有针对性地选择自我探索的分主题，筛选部分人员，进行相对深入的团体辅导活动；最后，对于有自我探索困扰的特殊对象进行个别咨询或个别辅导。如此，方能充分利用三种辅导与咨询形式的优势，为促进学生实现自我探索做出行之有效的辅导工作。

参考文献

[1] [美] 埃里克森. 同一性：青少年与危机 [M]. 杭州：浙江教育出版社，1998.

[2] 樊富珉. 团体咨询的理论与时间 [M]. 北京：清华大学出版社，1996.

[3] [美] 法利，[美] 史密斯，[美] 博伊尔. 团体咨询的理论与时间 [M]. 隋玉杰，等译. 北京：清华大学出版社，1996.

[4] 周长青. 大学低年级学生自我探索的现状调查及班级指导研究 [D]. 南京：南京师范大学，2007.

[5] 陈瑜，裴涛. 团体心理辅导在高校学生工作中的应用 [J]. 社会心理科学，2010 (2)：91.

[6] 翟清菊，蒋建勋. 团体辅导在高职辅导员心理工作中的适用性研究 [J]. 华章，2014 (19)：205－206.

[7] 傅永春. 埃里克森的自我心理学理论述评 [J]. 内蒙古师范大学学报（哲学社会科学版），1990，19（2）：97－134.

[8] 姚信. 大学生自我概念发展状况研究 [J]. 中国心理卫生杂志，2003，17（1）：42－44.

[9] 左占伟，冯超. 团体心理辅导、团体心理咨询、团体心理训练概念的区分 [J]. 石家庄师范专科学校学报，2003（2）：69－71.

附件：

关于高职院校大一新生自我探索状况的问卷调查

您好，我校现在在做一项关于大一新生自我探索状况的调查，麻烦您抽出几分钟时间来完成我们的问卷，谢谢！

填写说明：答案无对错之分，请根据实际情况，在合适的选项上画“✓”。

第一部分：基本信息

性别：________ 年龄：______岁 专业：__________

第二部分：问卷内容

1. 你知道“自我探索”吗？

A. 了解 B. 听说过，但不了解 C. 没听说过

2. 你想了解自己吗？

A. 非常想 B. 一般 C. 无所谓

D. 不想 E. 非常不想

3. 你觉得“自我探索”难吗？

A. 非常难 B. 比较难 C. 不清楚

D. 比较简单 E. 非常简单

4. 你认为“自我探索”重要吗？

A. 非常重要 B. 比较重要 C. 不清楚

D. 不重要 E. 非常不重要

5. 你觉得“自我探索”辅导应该从何时开始？

A. 小学 B. 初中 C. 高中

D. 大学 E. 大学毕业后

6. 你最了解自己的哪个方面？（单选）

A. 性格 B. 能力 C. 人际关系

D. 价值观　E. 情绪、情感　F. 别人对自己的印象

G. 兴趣　H. 其他________（请注明）

7. 你了解你自己吗？

A. 非常了解　B. 比较了解　C. 一般

D. 不了解　E. 非常不了解　F. 不清楚

8. 你最常用的了解你自己的方法是什么？（单选）

A. 自我评价　B. 他人评价　C. 团体活动

D. 问卷测量　E. 成长经历　F. 其他____（请注明）

9. 你最希望了解自己的哪个方面？（单选）

A. 性格　B. 能力　C. 人际关系

D. 价值观　E. 情绪、情感　F. 别人对自己的印象

G. 兴趣　H. 其他________（请注明）

学生教育管理

高职生消费观视域下的校园贷隐患与防范策略研究

——以杭州富阳高教园区为例

张满东

摘　要：针对高职生重物质、泛娱乐、轻规划的消费理念，盲目与非理性的消费行为突出，且普遍具有从众与逆众并存的消费心理，极易滋生校园贷等问题，提出相应的防范策略。高职院校必须有针对性地开展消费教育、信用教育及金融理财教育来加以防范。通过规范校园贷备案准入监督机制，加强行业自律，健全自身制度，让校园贷真正在高职生奖学筑梦中兴利除弊，除旧布新。

关键词：消费观　校园贷　问题隐患　防范策略

一、高职大学生消费现状与消费观念

（一）高职大学生消费现状

为进一步了解95后在校高职生的消费现状，本课题组选取杭州富阳高教园区中的浙江中医药大学与杭州科技职业技术学院两所学校，对在校生进行消费现状抽样调查与随机访谈。每所校各发放问卷150份，共收回292份，其中有效问卷287份，有效率95.67%，调查对象主要是大一到大三在校学生。专业涵盖文理两科，男女比例各半。

表1为两校学生在校月消费额占比的对比。

表1　两校学生在校月消费额占比的对比　　%

学校	少于300元	300～500元	500～1 000元	1 000～1 500元	高于1 500元
浙中医	2.3	8.1	54.1	32.4	3.1
杭科院	3.5	3.3	52.3	35.3	5.6

从表1数据可以看出，两校学生在校月消费额主要集中在500～1 500元，稍有所区别的是少于300元与高于1 500元的人群所占比例，杭科院要稍高于浙中医，反映出杭科院学生家庭经济状况贫富差距大于浙中药。

表2为两校学生在校消费资金主要来源比重的对比。

表2　两校学生在校消费资金主要来源比重的对比　　%

学校	父母供给	兼职或勤工俭学	奖学金或贫困补助	贷款
浙中医	81.5	8.5	6.6	3.4
杭科院	80.8	7.8	7.2	4.2

由表2可知，两校学生在校消费资金绝大多数来自于父母，此外还通过兼职、勤工俭学、奖学金、贫困补助等方式获得资金。更有部分同学选择贷款方式维持在校开支。通过访谈了解到，有过校园贷款的在校学生超过1/3。

表3为两校学生在校消费内容比重的对比。

表3　两校学生在校消费内容比重的对比 %

学校	生活消费百分比			发展消费百分比			交往消费百分比			恋爱消费百分比	享受消费百分比			
	食品	服装	日用品	学习	考证	考学	聚会	交通	通信网络	有时占比	游戏	旅游	娱乐	电子产品
浙中医	53	2.3	1.2	10.5	2.3	9	2.4	2.2	3.6	2.3	3.2	3.1	2.4	2.5
杭科院	53.2	3.1	1.6	4.3	3.8	0.4	3.7	3.3	4.6	3.4	6.3	4.2	3.5	4.6

由表3可知，作为满足学生基本生理需要的生活消费，两校学生所占消费比重比较接近。而以学习、考证与考学为第一要务的发展消费中，两校存在明显不同，以浙江中医药大学为代表的本科院校此项消费所占比重较大，对于相对缺乏学习主动性与积极性的高职生来讲，学生大多是被动消费，发展消费投入比重明显偏低。高职学生更愿意将在校消费投入交往、恋爱及享受型消费。

（二）高职大学生消费特点

1. 存在重物质与娱乐、轻精神发展的消费观念

消费观即消费观念，指消费者在消费时所持的基本观点和基本态度，是消费者进行消费时表现出的行为、方式、心理、价值判断。它是更高层次的消费意识形态，不一样的消费观念会导致不同的消费行为。高职生体验式需求更加旺盛，喜欢通过物质与娱乐消费，获得产品与服务带来的愉悦感、新鲜感。相比追求实用与节俭的传统消费观，95后的高职生更喜欢个性化、炫耀型和超前性的消费观念。部分高职生学习发展消费投入不够，休闲娱乐消费投入过多，并呈现持续增长的趋势。吃要美味，穿要名牌，玩要高档，一味地追求感官刺激，而对精神需求、发展需求

不太关注。人际交往消费偏高，随之带来的通信费、聚餐费、娱乐费等在总费用中占比很大。

2. 盲目且非理性的消费行为

部分高职生存在非理性的消费观念，表现出“攀比消费、虚荣消费、享乐消费”，出现以上消费表现主要来源于成就需要、求异需求、求奇需求、品牌需求、社交需求及施压需求。成就需求动力主要来源于游戏娱乐，九成以上的高职生爱玩网络游戏，七成以上有不同程度的网瘾，为通关练级与购买酷炫装备只能用货币购买。部分高职生通过购买新颖、奇特、名牌商品来获取关注，体现存在感，彰显个性，实现自我价值。作为独生子女的95后高职生，他们有很强的社交需求，为进一步维系和开拓人际关系，人情交往消费必然存在盲目性。

在消费规划与储蓄习惯方面也存在盲目非理性。在问卷调查与访谈中发现，67.4%的高职生为“月光族”，其中40.5%的高职生在每月的上半月钱就会用完；41.2%的高职生有储蓄习惯；16.2%的高职生有储蓄意愿；35.9%的高职生曾经有过储蓄的行为；有6.7%的高职生从未储蓄过。由此可以看出，高职生消费自控能力较差，满足了需求与欲望之后，只能“拆东墙补西墙”。

3. 从众与逆众并存的消费心理

从众消费本质上是一种模仿，模仿是有意识或无意识对某种刺激做出类似反应的行为方式，某个社会阶层或社会团体中普遍认同的引领者做出示范后，其他成员对其行为加以模仿。高职生从众消费主要表现在服饰、餐饮外卖、网络购物、电子产品、游戏装备等各方面。他们普遍存在不能落后于其他同学或满足自我的攀比心理的从众消费动机。从众消费心理主要在高职大一新生中比较普遍，由于环境完全陌生和心智发育尚未成熟，他们往往选择趋同或者从众方式适应新环境与新生活。

逆众消费是消费者以标新立异为目的，力求显示自己的个性，以及与众不同的价值和生活方式的消费。追求时尚个性、喜欢挑战新兴事物的高职生，渴望通过标新立异的形象塑造与与众不同的行为方式传递出“我是谁”的个性标签信息，从而突出自我。带有这种心理的消费方式必将是逆众的，高年级的高职生更热衷于选择各种各样所谓的带有身份标志的产品，以此作为彰显个性和体现自我价值的方式。

对于具有以上特殊的消费观念、消费行为及消费心理的高职生来讲，父母资助、兼职与勤工俭学、奖学金等已经远远满足不了其日益膨胀的消费欲望，校园贷恰好能解决高职生资金短缺的窘境，为自己赢得更多的市场空间。

二、校园贷的定义、特点与隐患风险

（一）校园贷的定义、分类、特点

1. 校园贷的定义

校园贷，即针对在校学生的 P2P 网络信贷，投资人和贷款人（专指在校生）通过 P2P 网络借贷平台提供信息，属于中介机构。校园贷在网络上达成包括借款金额、利息、期限等条款的借贷合约，并通过网络完成认证、交割和清算等流程实现的信用借贷，是一种新的金融服务模式。它主要具有交易信息匹配和交易撮合的功能。从 2014 年起，校园信贷市场进入快速发展阶段。据中商情报网统计，截至 2015 年底，国内注册在案的 P2P 网贷平台达到 2 595 家，交易额接近 1 万亿元。苏宁金融研究院对“校园贷”的发展进行剖析，指出 2017 年校园金融市场有望突破 200 亿元的规模，在大学生中的渗透率可能高达 28%。根据融 360《维度》2016 年 5 月份的研究报告，申请“校园贷”的学生中 53% 是出于消费目的。在对杭科院高职在校生的调查中发现，超过

87.5%的校园贷款主要用于消费。

2. 校园贷的分类

当前校园贷产品主要有以下三类：一类是以名校贷、爱学贷等为代表的纯网贷平台；一类是以分期乐和趣分期等为代表的校园分期购物平台；还有一类是以阿里花呗、京东白条为代表的电商平台。其中，前两类校园贷平台主要针对高校学生群体提供贷款或分期服务。

3. 校园贷的特点

校园信贷平台实行注册制，无须审批，网络上校园贷平台不计其数，也导致各平台良莠不齐。校园信贷申请与审批皆在网上，学生可以轻松获得贷款，但缺乏线下审核，从而导致高违约率及信用危机。

（二）校园贷的隐患风险

1. 虚假宣传诱导过度消费，扭曲正确的消费观

校园贷主要通过以下方式诱惑在校生贷款：① 采取降低贷款门槛，简化审核手续。部分校园贷平台只需要学生提供个人相关信息，注册成功后，审核手续多是在学信网上查找有无此学生，如有即可以轻松贷款，相比银行贷款，省去了担保、抵押等烦琐手续。② 放宽信贷额度，信贷额度以 5 000 元到 20 000 元不等，基本满足学生资金需求与还款能力。③ 隐瞒资费标准，分期公司通过零首付、零分期费用、零利率等虚假手段诱使部分社会经验缺乏、风险意识淡薄的大学生超前消费，在各个校园贷虚假噱头的宣传，激发了在校生超强的消费欲望，助长从众、攀比、享乐主义，严重影响健康有序的校风建设。

2. 催生高利贷，影响学业及造成家庭损失

网贷之家 2015 年的一份研究报告显示，P2P 学生网贷平台年化借款利率普遍在 10% ~ 25%，分期付款购物平台更高，多数产

品年化利率在20%以上，以乐分期、99分期、分期范等为代表的分期购物平台的实际年化利率可以达到35%及以上。此外，此类校园信贷平台往往收取名目繁多的附加费，诸如服务费、充值费、咨询费、提现费、手续费与账户管理费。这些附加费占贷款总额的5%～10%。这些校园信贷已经成功异化为高利贷。由于学生缺少固定收入，一旦出现还款困难，利息及附加费便开始不断翻倍。加之债主不断骚扰催债，学生的主要注意力与精力转移到偿还贷款上，严重影响学业，绝大多数结局是由家长买单，给家庭造成巨大损失。

3. 极易诱发恶性事件，严重扰乱校园秩序

遇到逾期未还款的学生用户，P2P平台便会采取催款手段：通过QQ给所有贷款学生群发逾期通知，单独发短信、打电话，联系贷款学生室友、家长，警告学生本人，发送律师函，去学校找学生，在学校公共场合贴学生欠款字样，群发信息给学生所有亲朋好友，将“裸贷”信息公布在网络上或者转卖他人，将个人隐私公布于众等。更有甚者，要求学生通过卖身偿还贷款。2016年10月，福建师范大学大四学生徐某用19名大学生的信息在多个平台贷款70余万元后失联。河南牧业经济学院大二学生郑某欠了60多万元贷款后跳楼自杀。“裸贷”“肉偿”“高利贷”“校园贷致穷”“学生自杀”等恶性事件层出不穷。

非正常手段催债既侵犯学生名誉权与隐私权，给当事人造成巨大的精神压力，也严重扰乱了校园秩序。

三、高职院校校园贷防范与规范策略

（一）高职院校校园贷防范策略

1. 消费教育

高职生之所以做出网络贷款的行为，主要问题出在消费观念

不正确，超前消费、盲目消费、过度消费行为在高职生身上较为普遍，其症结归根到底是学校与家庭消费教育不到位或不重视所造成。部分教师与家长消费教育理念停留在勤俭节约上，消费教育内容零散且不成体系，甚至部分高校与家庭忽略消费教育，最终导致高职生非理性盲目消费更加严重。引导大学生树立正确的消费观念，养成良好的消费习惯成为高职院校思想政治教育的一项亟待解决的重大任务。

首先，学校应开设消费教育课程，让学生接受基本的消费理念教育，并利用所学知识对消费品进行筛选与取舍，真正做到合理消费。其次，学校应进行消费安全教育，让学生掌握安全的消费知识，学习相关的法律法规知识，维护好自身利益不受损害。最后，班主任、辅导员、学生骨干及家长应通力合作，密切关注学生异常消费行为，及时发现和纠正学生超前消费、过度消费和从众消费等错误观念，教育学生不盲从、不攀比、不炫耀，净化学生的消费认知。

2. 信用教育

经济上的不独立使得高职生不具备独立持久的还款能力，贷款方将通过正规途径，如电话联系、发逾期缴款单、发律师函等途径催款，同时不法贷款方也会采用校园张贴大字报、在论坛等网络平台发布未还款人的相关信息、找人勒索或恐吓等非法手段。一旦逾期未还款，学生个人信用记录将会受到影响，从而对大学生完成学业、就业及今后的工作和生活造成严重影响，蕴藏、滋生了社会不稳定因素。以上问题的出现主要根源在于高职生不能把持自己，被一时的享乐冲昏了头脑，以牺牲自己的信用为代价，养成违约的陋习。这些问题更暴露出学校对高职生金融信用教育的缺失。

学校在这方面必须有所作为，首先，对高职生进行金融信用重要性主题教育，让学生真正明白金融贷款失信将会产生的危害。其次，学校也要融入全社会共同构建失信惩罚制度，将多次失信学生录入学校信用记录中，并在助学贷款、贫困补助、奖学金等方面给予相应的限制，增加失信成本，让失信行为在校园里无处遁形。

3. 金融理财教育

帮助学生了解金融信贷基本知识，掌握逾期滞纳金、违约金、单利、复利等基本金融常识，辨别借贷方资质信息和贷款资费标准等；强化学生对网络借贷风险的理解和认识，培养学生对金融诈骗的安全防范意识，帮助学生增强对非法校园借贷的甄别能力；提升学生储蓄理财实践能力，定期开展经济理财方面的讲座，指导大学生对资金进行规划和打理，将资产合理规划，量入为出，在经济承受能力之内消费，并养成良好的储蓄习惯。

（二）高职院校校园贷规范策略

1. 校园贷备案准入、预警监督机制

要建立校园贷备案准入、预警监督机制，首先要对校园贷进行一次彻底摸底盘查工作，加强信息搜集，构建校园贷平台与在校生贷款记录系统，及时发现校园不良网络借贷苗头性、倾向性、普遍性问题，定期组织分析研判，通过科学专业的评估方式对每家校园贷平台实际贷款率进行核算并公布于众，筛选贷款率低、安全系数高且正规的校园贷平台加以备案准入，建立不良资质校园贷平台“黑名单”，对侵犯学生合法权益、存在安全风险隐患、未经学校批准在校园内宣传推广信贷业务的不良网络借贷平台和个人，第一时间报请地方人民政府金融监管部门、银监局、公安、网信、工信等部门依法处置，决不允许其进入校园，避免高职生因金融风险与校园贷导致的悲剧的发生。其次，制定校园贷入驻校园管理办法，对准入或者入驻的校园贷平台实行预警监督机制。制定校园信贷相应的校园管理条例，准入校园贷平台必须严格执行管理条例，且不能通过虚假广告或隐瞒贷款利率等手段扩大业务，对不法校园信贷平台进行举报，引导大学生正确进行校园信贷行为，避免大学生的非理性消费，纠正大学生的攀比心理与虚荣心理，帮助其树立正确的价值取向。

2. 健全自身制度，加强行业自律

网贷平台应当从以下几个方面健全自身制度建设：① 减少虚假与诱导性宣传。严格执行《互联网广告管理暂行办法》相关规定，鼓励高职生理智贷款与健康消费。② 向贷款方（高职生）明确所有的资费及其标准，以及逾期利息、违约金等其他资费，让高职生明明白白贷款。③ 校园贷应事先向借款人揭示逾期的法律后果、催债的方式及逾期借款人可能遭遇的信用风险等。④加强规范审批流程。认真核对学生信息，科学评估学生还款能力，建立严格的风控体系，有效降低坏账率。

在行业自律方面，国内主要的分期平台已经开始着手加强信息互通，爱学贷、分期乐、优分期等联合宣布将发起成立校园信用联盟，并向校园分期行业发出自律公约倡议书，呼吁加强用户信息共享，强化行业自律，保护消费者利益，促进行业健康发展。倡议书中指出不鼓励单一用户在不同平台上的多头借贷行为。这份倡议书虽然不是分期平台将共享信息作为行业机制，但是各大分期平台充分意识到信息共享的重要性，随着网贷平台的行业自律机制健全，校园贷将更加理性与规范。

3. 国家主管部门应规范校园贷市场秩序

2016 年 8 月底银监会出台的《网络借贷信息中介机构业务活动管理暂行办法》要求，在整改校园网络借贷时遵循“停、移、整、教、引”五字方针。所有网贷信息中介必须到工商登记注册与备案审核，未取得相应资质与许可的必须停办业务。对网贷信息中介加以规范与整顿，不得变相自身融资、变相向出借人担保，不得与其他投资代理机构捆绑等。杜绝“一人多贷”、无力偿还等问题出现，为大学生网上借贷“加一道安全阀”。联合公安、工商、工信及银监会等部门开展专项整治工作，快速有效处理消费金融投诉案件，为受害者提供必要的法律援助。对威胁恐吓、暴力催收等严重违反法律法规的行为应予以坚决打击，为快速稳妥处置群体性事件和个人极端事件提供制度保障，全力防止引发次生风险。营造一个全社会共同打击校园网络借贷平台违法犯罪行为的良好社会风气，使校园网络借贷平台妄图依靠暴力催收获得高额利息的幻想破灭。

参考文献

[1] 罗子明．消费者心理学［M］．北京：清华大学出版社，2002.

[2] 杨蓬勃．基于结构方程的信用卡非理性消费行为的作用机理分析［J］．统计与决策，2012，22（1）：66.

[3] 李艺，杨月．当代大学生非理性消费行为归因研究［J］．沈阳工业大学学报（社会科学版），2014（5）：428－434.

[4] 周晓虹．现代社会心理学［M］．上海：上海人民出版社，1997.

[5] 杨东．用法律红线整治不良“校园网贷”［N］．人民论坛，2016－10－12.

[6] 2015年P2P网贷行业年度数据：运营平台达2595家［OL］．2016－01－01．http：//www.askci.com/news/2016/01/01/

211550ranm. shtml.

[7] 梦琪．校园网贷：畸形的消费杀手［J］．齐鲁周刊，2016（13）：46－48.

[8] 周光权．经济犯罪侦查的方法论［J］．江西警察学院学报，2014（1）：5－10.

[9] 爱学贷牵头成立校园信用联盟［OL］．2016－08－19．http：//www. sohu. com/a/111245074_ 313468.

高职生网络诈骗防范意识的培养路径研究

董振虎

摘　要：当今网络时代飞速发展，在构建起一个快捷、便利的虚拟世界的同时，也充满着黑暗的气息。网络诈骗犯罪日渐猖獗，使得涉世未深的高职生群体成为不法分子的目标。针对高校网络安全的现状和网络诈骗的形式进行深入调查，分析了网络诈骗案件频现的原因，结合高职生个性特点和学习生活背景，研究探索高职生防范网络诈骗意识的培养路径，以及高校网络安全教育防范体制的构建模式。

关键词：高职生　网络诈骗　网络情绪情感失范　人格异化　培养路径

一、高职生网络诈骗的现状调查

互联网的发展与普及让高职学生的学习与生活更高效、便利与快捷。然而，由于一些学生网络法律知识匮乏，个人自律能力欠缺等原因，使得网络诈骗日渐猖獗，给高校安全教育带来严重的隐患。

在辅导员工作中，我数次接到学生的求助电话。据不完全统计，仅杭州科技职业技术学院机电工程学院2016年就陆续发生了数起网络诈骗案件，涉及网络聊天诈骗、毕业求职诈骗、网络兼职诈骗、购买游戏账户诈骗、微信购物诈骗等多种类型的诈骗方式，由于金额没有达到“默认”的网络报案金额，不少学生在维权时不得不知难而退。这不仅使学生的经济利益受损，还让犯罪分子有恃无恐。

为进一步了解95后高职生网络生活情况，摸底校园网络诈骗对高职生的入侵程度，我们对杭州科技职业技术学院机电工程学院2016级514名学生进行了不记名问卷调查和随机访谈。此次共发放问卷514份，收回392份，其中有效问卷377份，有效率96.17%，调查对象男女比例69：31。

表1中列出了问卷调查的诈骗形式。

表1　诈骗形式比重

项目	非法校园贷	网络聊天	虚假求职	网络购物	游戏转卖	补助	其他
比例/%	40.6	23.9	16.0	7.4	5.9	4.2	2.0
次数	2 876	1 696	1 131	528	415	301	141
人均次数	7.6	4.5	3	1.4	1.1	0.8	0.4

由以上数据可以看出，所有的学生都收到过诈骗信息。2016年全年被调查学生收到金融理财类诈骗的诱惑的次数高达人均7.6次，占比为40.6%，几乎占据了半壁江山，平均一个多月就会接收到一次“校园贷”的邀请，其中不乏“裸贷”“高利贷”等恶性贷款方式；在网络聊天中要求转账也名列前茅，具体包括通过聊天要求银行卡转账、扫二维码支付等；紧跟其后的是虚假求职，包括毕业生求职和业余兼职，诈骗方式包括预交介绍费、收取代理费、发展下线等；排名靠前的还有网络购物，购买游戏

账户、装备等，主要方式包括第三方支付，或是陷入钓鱼网站的“套路”。有52.5%的学生表示对以上诈骗信息曾经动摇过，其中女生占57%。其他还有冒充公检法机构及亲人求救的诈骗方式，对这类方式学生普遍识别度较高。

表2列出了问卷中学生上网情况比重。

表2　被调查学生上网情况比重

内容	游戏	聊天	视频	购物	网页	学习	其他
人数/人次	161	126	54	17	13	5	1

以上数据反应的是每日上网时间在3小时以上的项目。这其中沉迷于网络游戏的学生约占42%，迷恋网络聊天的占33%，沉迷于影视节目及直播间的占14%。在这些网络活动中经常充斥着网络诈骗信息。每天上网8小时以上的学生约占41%，可谓是上网成瘾。在所有受访者中，约73%接触过色情、暴力信息，这些网站或软件中最易被植入病毒；对于网络盗窃和非法入侵、“信息霸权”等网络犯罪行为有24%的人意识淡漠。

网络诈骗的发生，不仅给学生造成不必要的财产损失和精神创伤，也在一定程度上威胁到校园的和谐稳定，损害了社会风气。网络诈骗在高校盛行具有以下两个特点：

（一）校园网络诈骗程度深、范围广

近年来，不法分子将矛头瞄准高职生。一方面，高职生课余时间充裕，频繁使用手机或电脑进行聊天、购物、求职等，有实施诈骗的“土壤”。另一方面，高职生缺乏必要的安全意识和自我保护意识。一条简单的信息、广告即能吸引众多背景各异、甄别能力较弱的学生，利用受害人投机取巧和迫切需要的心理，便能诱其上当。与此同时，高职生又有接触社会、了解社会的强烈愿望，不法分子利用这些特点进行网络求职诈骗，造成学生不同程度的财产、人身安全方面的损失。

随着互联网借贷平台瞄准了高职生群体，各种贷款平台、校园分期购物平台和电商平台的分期付款等形式慢慢渗入校园，宁静的“象牙塔”成为网络借贷平台争夺的地盘，一些不法分子和机构打着“互联网 + 金融”的幌子，将高利贷、金融诈骗等“黑手”伸向大学生群体，目前“校园贷”“培训贷”“美容贷”等多种诈骗手段正在校园中蔓延。由于在校学生社会经验不足、防范意识较差、心理承受能力弱、法律维权意识不强，“校园贷”违法犯罪给学生的心理、精神造成极大伤害，一些学生因此辍学，个别人甚至自杀，社会影响极其恶劣。《人民日报》也发文指出，要警惕校园网贷风险。

（二）校园网络诈骗形式新、持续久

传统的诈骗在现实的空间进行，不法分子和受害人需要面对面地接触和交流。由于校园管理严格，不法分子难有机会与学生接触。而互联网的诞生，使得网络诈骗具有高隐蔽性、高渗透性和低成本的特点。校园网络诈骗披着现代科技外衣的迷幻色彩，具有传播速度快、开放程度高、信息真实性难以逐条证实等特点。某些信息被别有用心的人包装后，容易在较大范围内造成严重后果。不法分子只要熟悉网络技术，通过侵入网站、建立虚假链接、植入黑客程序等手段，就能隐藏事实真相，轻易骗取受害人的信任，获取钱物。因此网络诈骗的手法层出不穷，行骗途径屡禁不止，在校园迅速蔓延并长期存在。

二、高职生网络诈骗案件频现的原因

随着网络繁荣时代的到来，网络覆盖校园的每一个角落，给校园安全带来了无形的隐患。高职生屡遭诈骗，是由哪些原因造成的？是贫困救助不到位，留有空隙？是电信部门垃圾信息拦截系统不够好，仍有漏洞？还是警方查处违法行为受限，存在空白地带？

当高校生“又”被骗了的时候，我们是不是也该从另外一个角度重新审视这一问题：从诈骗手段来看，还是老掉牙的骗局——依然是发送垃圾短信，依然是冒充有关部门，依然是说发放特困生救助资金，依然是平台无门槛借贷。一系列简单的骗局却持续不断有学生受骗，从“山东徐玉玉案件”到“广东蔡晓妍案件”，分析近些年高校生网络诈骗案可知，网络诈骗来势汹汹有以下两个原因：

（一）高职生网络情绪情感失范，人格异化

1. 价值偏差是诱发情绪情感失范的导火索

高职生的年龄多在 18 ～ 24 岁，可能是因为社会普遍对职业教育存有偏见，绝大部分高职学生对高职教育认同感低。他们大部分是由于高考失利才选择高职院校就读，抱负缺失，学习动机不强，又正处于个性勃发的青年时期，对许多事物的感受显得偏激而固执，而且非常欠缺人际交往经验。于是，网络便成了他们打发时光、寻求情感慰藉的最好选择。网络的虚拟性、便捷性和自由性又使他们更加依赖网络，通过虚拟的网络宣泄自己的不满，暂时在虚拟的网络里寻求情感的慰藉以逃避现实的压力。不法分子抓住了高职学生的这些心理，把“魔爪”伸向校园。

2. 人格异化是诱发网络依恋依赖的要因

卡特尔十六种人格因素测验结果显示，有网络情绪情感失范行为倾向的学生和无网络情绪情感失范行为倾向的学生在多项人格特质上有显著差异。这说明，有网络情绪情感失范行为的高职学生存在人格异化现象，虽然个人的人格特征无好坏之分，但网络人格与现实人格的反差巨大，对正处于自我同一性建立和发展中的高职生来说，若自我不能达到和谐统一的发展，不能客观评

价自我和发展自我，无疑会加重他们的烦恼。人格异化体现在主体的人格独立性特征弱化甚至消失继而成为受控于主体对象的物。因此网络人格异化的高职生，可能会失去对周围现实环境的感受力和积极参与意识，过度依赖网络，导致孤僻、冷漠、紧张、不合群、缺乏责任感等心理，极有可能遭遇网络诈骗。

3. 文化冲突是诱发网络诈骗犯罪的根源

在互联网中，多元文化并存，西方文化中的奢侈享乐、冒险刺激、性自由等观念，极易冲击高职生的价值观和理想信仰。“拜金主义”“个人主义”“享乐主义”等思想观念容易左右部分高职生的思想。加之校园借贷平台等形式的广告煽动，很容易让他们陷入通过高利借贷满足过度膨胀需求的深渊。

（二）高校网络安全教育战略滞后，战术单一

高校教育改革使得高校与社会的联系愈加紧密，社会上的不安定因素随之进入校园。大部分高校为保证网络安全，都在网络硬件、技术的开发和建设上投入大量的人力、物力。而网络安全教育作为高校安全教育的重要部分，却经常被忽视。

1. 高校网络安全教育未纳入战略体系

从当下高校的安全教育形势来看，面对层出不穷的网络欺诈事件，只通过几次普法知识讲座是无法根治的。从教育内容来看，我国现行教材中涉及的网络安全教育落后于当前迅速发展的网络技术；从教育方式来看，网络安全教育并没有重点列入思想政治教育体系之中，依然沿袭传统的教学模式，灌输给学生枯燥的理论知识，以至于学生对课堂不在乎，对课业不严谨，学习效果不显著。

2. 高校网络安全教育未融入科技元素

如今的网络不法分子具有熟练的计算机操作技能，甚至还有网络黑客和金融领域高技术人员。网络犯罪手段更加隐蔽化和多

样化，窃取银行账号，采用电子邮件转发账单、远程登录等手段篡改用户信息，这些智能化、专业化的犯罪手段往往很难被识破。而高校网络教育实施方式由于不够深入和贴切，难以与犯罪分子抗衡，在诈骗发生时很难引起学生的警觉。

三、高职生网络诈骗防范的建议

高校的安全稳定是学生顺利完成学业和学校和谐发展的基本前提。不论如何归咎，都不能忽视这样一个事实：网络诈骗的施害者和受害者都还是学生，都是被教育的对象。他们的不幸遭遇，反映的是高职生网络安全防范意识的缺乏，折射的是高职生网络安全教育的缺失。

因此，高校一方面应提高对网络安全教育的重视度，把它列入思想政治体系教育；另一方面应与时俱进，更新网络安全教育内容，改进网络安全教育方法。具体可以从以下几方面切入：

（一）健全高职生网络情绪情感是预防网络诈骗的直接途径

1. 提升教师网络素质是健全大学生网络情绪情感的前提

完善管理教育队伍是健全高校学生网络情感情绪的重要保障。在队伍结构上，学校要合理整合人才资源，建立一支包括思想政治教育理论研究者、专业教师、网络技术人员、政治工作干部和心理医生在内的教育队伍，取长补短。通过请公安专家开设讲座、座谈会等形式，提高教师队伍网络素质，和学生在网络方面建立“共同语言”，形成一支业务素质过硬、责任心强的安全教育队伍。

2. 适度心理干预建设是健全高职生网络情绪情感的保障

很多网络诈骗受害学生都是由于心理在稳定性、有恒性、怀疑性和忧虑性上出现了异化，这就提示教育者应多关注学生心理健康。在学生入学之初就要掌握学生家庭基本情况，在日常管理中通过学生干部等渠道沟通反馈，对困难学生重点关注，尽量及时帮助学生解决实际困难。加强监督管理，注意及时发现和制止学生中出现的赌博现象，消除学生过度举债的安全隐患。将学校心理理疗室的功能常态化，让学生习惯于向心理理疗师求助，对心理问题严重的学生提前进行干预，对被诈骗受害学生加强心理疏导工作，减轻学生不良心理影响。

（二）营造高职生安全文化氛围是预防网络诈骗的重要渠道

高校的校园环境和文化氛围对学生观念和意识的养成有着潜移默化的影响，所以教师要采用多种多样的教育方式，让安全文化氛围看似无形胜有形，化入心间了无痕。

1. 以制度为保障，实现管理与自我管理

确保学生安全教育工作的实效，需要逐步完善学校相关制度。可将安全教育纳入教学计划，以公共选修课、形势与政策课的形式进行课程安排，编排对应教材，设立专门学分，培养相关师资力量，制定考核办法。同时，建立全院安全情况通报制度。通过开展“防网络诈骗宣传月”等主题活动，及时向学生通报学校每周（月）的安全形势。完善相对应的学生管理制度、宿舍管理制度、机房使用管理制度，可组织学生参与到日常安全管理中，参与相关制度的制定，成为网络安全教育的主体。在具体实施过程中，设立对应的学生机构，形成自我管理和教育的模式。

2. 以创新为契机，实现防御与自我防御

防御网络诈骗的方法多种多样，不能仅仅局限在课堂理论教学这一种形式上，应开展各种趣味性的宣传活动，如法制知识竞赛、拍摄网络诈骗主题微电影、组织攻克计算机病毒兴趣组、创立网络安全教育社团等。这些寓教于乐的活动成为理论教学的第二课堂，更容易被学生理解和接受，也给学生敲响了法律的警钟。因此，高校要立足实际，不断改进教育方法。学生掌握了防范网络诈骗的原理和技巧，就能更好地破解网络诈骗手段，甄别网络诈骗。

3. 以文化为导向，实现认知与自我认知

高校教育者要时刻警惕网上的西方霸权思想和落后的封建思想，不断调整教育策略，引导学生从马克思主义世界观的角度认识网络。例如，结合关于世界物质统一性的理论让学生自己讨论物质世界和精神世界的关系，比较现实世界和虚拟世界的关系实质，讨论网络世界的本质与人们行为伦理规范的联系。举例让学生感受网络诈骗的危害，依据内容和形式是辩证统一的理论，说明没有无内容的形式，也没有无形式的内容，内容决定形式，形式服务于内容。网络诈骗形式虽然隐秘，但一样可以戳穿其犯罪本质。通过符合学生认知方式的教育方式，帮助学生不断提升素质，完善自己的人格。

四、结语

网络技术的不断发展给高校思想政治教育工作带来了许多机遇与挑战：一方面，教育工作者可以利用网上丰富的教育资源和教育形式对学生进行教育，网络的即时通信功能有利于教育工作者及时掌握学生的思想发展近况；另一方面，网络上各种思想与意识形态相互激荡，为学生展现了不同的文化观念与价值取向，高职生正处于“三观”树立的重要时期，容易受到腐朽思想的侵蚀，不利于接受正确的中国特色社会主义思想体系。此外，网络的匿名性与虚拟性使许多法律道德观念薄弱的学生走上违法犯罪的道路。针对这些情况，高校要改变教育理念、利用多样化的教育形式传播丰富而优质的教育内容，同时要加强师资力量建设，加强心理健康教育和职业生涯规划的指导，帮助高职生树立远大的理想，以促进高职生人格和谐健康发展。

参考文献

[1] 周金凤．高职生网络犯罪的成因及防控措施［J］．科技创新导报，2011（11）：238.

[2] 冯智冰．高校学生网络人格的异化与对策探讨［J］．福建商业高等专科学校学报，2007（5）：50－53.

[3] 王健．互联网对青少年的人格异化与干预策略［J］．阜阳师范学院学报（社会科学版），2008（2）：144－147.

[4] 王贤卿．论大学生网络行为失范的心理困境与道德教育［J］．毛泽东邓小平理论研究，2006（8）：64－67.

[5] 郭元鹏．"大学生又被诈骗了"，防骗教育不能再缺位了［N］．南方都市报，2017－09－03.

[6] 张原，李宁馨．斩断网络诈骗伸向大学生的黑手：全国政协委员袁直呼吁增强大学生经济安全意识［N］．人民政协报，2017－03－21.

[7] 陈明乐．大学生安全教育的价值思考与路径选择［J］．经济研究导刊，2011（24）：314－316.

高职学生言语失范的表现、成因及对策
——以杭州科技职业技术学院为例

刘红红

摘　要： 针对高职学生言语失范的表现及原因，提出通过重视言语道德教育、引导学生正确认识和理性对待网络语言、加强对言语失范行为的管控等途径，较好地解决高职学生言语失范问题。

关键词： 高职学生　言语失范　管理　控制

大学是人生发展的重要阶段，也是学生世界观、人生观和价值观形成的关键时期。在这一时期，大学生的自身形象、社会形象开始树立并被寄予厚望。良好的形象、崇高的价值观要靠各种行为来体现与达成，其中言语行为不可忽视。在生活、学习环境及公共领域中，高职学生言语失范的现象较为普遍，不仅影响了整体形象，也影响个体的成长成才及社会评价。本文以杭州科技职业技术学院为例，通过问卷调查、访谈等方式，归纳高职学生言语示范的具体表现，通过分析原因，探寻解决问题的可行性措施。

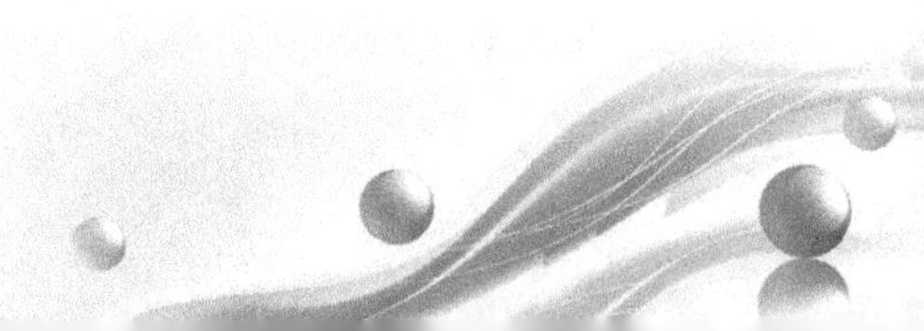

一、高职学生言语失范的表现

（一）不同场合

调查数据显示，不同场合学生使用的不文明语言也不同。学生们说脏话60%以上选择在宿舍内，30%是在QQ和微信上，5%选择在校外，还有少数选择在教室内，几乎没有同学愿意在家中说脏话。多数同学选择在宿舍说脏话是因为宿舍里的同学相互比较熟悉，说起话来也比较随意，有时偶尔说一下脏话还会觉得自己比较酷。总体上看，在教室等公共场所，学生比较注重自己的形象，很少说不文明语言。

（二）不同学科

从调查结果来看，理科学生使用不文明语言的现象比较多，大约占70%，文科生占20%，工科学生的比例较小。文科专业学生一般使用的不文明语言有“变态”“我靠”“闷骚”等。而理科生则会说“去死”“滚”“他妈的”等更加粗俗的语言。相比而言，文科的学生更注重追求时尚潮流，更加容易在网络流行语的影响下说一些热门的新词，以此来显示自身的与众不同，标榜个性。

（三）不同家庭教育背景

数据表明，80%的学生说不文明语言的现象与其家庭背景有直接的关系。受访学生中家庭背景为农民的占到近80%，只有5%左右的学生父母是工人或知识分子，商人子弟仅占3.5%。来自工人、知识分子、商人等家庭的学生使用不文明用语的占比较低，说明学生自身成长的语言环境对其使用不文明语言的频率有很大的影响。

二、高职学生言语失范现象的原因分析

（一）高职学生的身心特点

1. 思维意识活跃，自控能力不足

大学生作为一个特殊的社会群体，他们精力旺盛、思维活跃，有自我肯定和自我价值实现的需要。然而，现实社会并不能满足他们的各种需求。毕业就失业、读书无用论等负面信息不时地影响着他们。在学习、就业等压力的影响下，他们的自我价值得不到实现，心理方面也可能会出现各种问题，有时候只能选择对他人、学校和社会伤害最小的脏话、粗话来发泄情绪，缓解压力。此外，处在青春期的他们容易冲动，同学之间发生矛盾时容易选择以暴制暴、以恶制恶的方式，甚至大打出手，这就在一定程度上为不文明的语言提供了生存空间和土壤。

2. 自我承担意识较强，与家长、教师沟通不足

不少大学生自我承担意识较强，遇到事情不太愿意或很少与家长、教师沟通，但由于自身认识人和事物的能力还不强，自控能力也较为薄弱，容易受外界因素的影响与干扰。所以，在面对社会迅猛发展、就业竞争异常激烈的挑战时，他们在现实生活中得不到有效的帮助和支持，不得不寻找其他的出路，有些学生选择看书、上网，有些学生选择抽烟、喝酒，有些学生选择说脏话骂人，等等。

3. 部分学生缺乏宽容、谦让的品格

现在的大学生多数是独生子女，他们中不少人过分在意自己的感受，缺乏宽容、谦让的品格等，在遇到不愉快的事情或与同学发生矛盾时不会站在他人的立场上考虑问题，很容易出现言语粗俗、不注意说话方式的现象。他们觉得这种宣泄情绪的方式与打架、破坏公物相比是伤害比较小的一种。同时，一些学生在高

兴的时候也会使用不文明语言。由此可见，不文明语言的存在不仅能表达负面的情感，而且在人特别兴奋的时候也能够起到其他文明语言所起不到的效果。

（二）外部环境的影响

1. 社会环境

当下社会多元化思潮不断涌现，个人主义、拜金主义等对大学生产生耳濡目染的影响。不少同学会将社会上、电视电影荧屏及网络上的不文明语言运用到自己的生活当中，污染了校园语言环境。调查中发现，低俗的影视作品、电视娱乐节目等对不少同学都产生过负面的影响，比例将近50%，更有少部分同学把影视作品中主人公的不文明语言行为视为其个性的表现。

2. 家庭环境

父母是孩子最好的老师。一方面，受农村生活习惯的影响，超过50%农村来的学生在使用“谢谢”“对不起”等礼貌用语时会感到别扭和不好意思。相比而言，工人、知识分子家庭出身的学生就自然很多。另一方面，日常生活中家长对孩子的成绩关注过多，对其他问题关心较少，再加上家长有些时候不注意自己在孩子面前的形象，说一些脏话、粗话或夫妻之间吵架等，这些都会对孩子造成不良影响。

三、高职学生言语失范现象的应对措施

（一）在德育研究与教育实践中重视言语道德的内容

我国历来重视道德教育，但随着社会转型和升级，人们普遍感到与言语有关的道德研究和教育的效果不太理想。大学校园中，教师与学生、学生与学生间面对面的交流互动少了，QQ、微信等网络聊天多了，虚拟世界中言语规范问题没有引起大家足够的重视。为使德育更加具有针对性，真正有益于社会，在大学生

德育研究上要深入教育的话语领域，在实际教学中要突出言语道德的相关内容，只有这样才能培育出言语道德的意识与素养，言语规范化也才能有基础与环境。

（二）在各类学生活动中重视言语道德教育，并在实践中加以强化

虽然大学生的大部分时间都放在课程学习上，但党团活动、社团活动、文体活动等教育形式载体也丰富多样，这些活动对学生的道德教育来说非常有意义。学生通过参加各种活动既培养了团结协作、敬业奉献和吃苦耐劳的精神，也在无形中增加了他们的言语互动实践。在这些实践中，教育的双方都会亲身感受到言语道德的力量，清楚地意识到言语失范对他们来说意味着什么，认识到言语道德不仅仅是一种愿望，更是社会竞争中不可或缺一种的能力，从而达到强化言语道德教育的效果。

（三）引导学生正确认识和理性对待网络语言

实行校园网络舆论监督机制，及时全面掌握网络舆论，加强网络信息内容的管理，正确疏导负面舆论，引导学生的上网方向，加强管治，净化校园网络环境。可以在校园网上多共享一些符合现代大学生价值体系的资源，如中国知网、万方数据等。而作为大学生更要从自身做起，杜绝网络舆论、语言的失范现象，形成正确的价值观，多积累社会经验，学会判断是非。

（四）加强对言语失范行为的管控

在校园内可以通过校纪校规、综合素质测评、评奖评优等手段，对学生言语失范行为进行有效管控。例如，将言语行为的表现作为评奖评优、入伍、入党、升学、选拔干部、推荐就业等的重要依据。虽然此类管控措施是外在的、被动的，不过如果失范的行为已到了不可调和的程度，这些措施可能是更为有效的办法，这也体现了对学生言语失范行为管控的实效性。

参考文献

[1] 刘应杰，王国成，张其仔，等. 中国社会现象分析 [M]. 北京：中国城市出版社，1998.

[2] 张艳霞. 语言文明对青少年思想行为的影响 [J]. 牡丹江教育学院学报，2006 (1)：59－60.

[3] 宋术学，樊富珉. 网络主体性教育——网络时代大学生德育的新课题 [J]. 思想理论教育导刊，2006 (5)：50－53.

[4] 赵晓芳. 大学生网络道德教育探析 [J]. 求实，2006 (2)：224－225.

学生工作视角下对高职院校学风建设的对策探析

章晓风

摘　要：学风建设是高等学院永恒的主题，根据学院目前存在的学风问题可分为学习动机、学习方法、学习行为、学习态度、学习目标5个方面，从学生维度、辅导员维度、专业教师维度、管理者维度4个方面提出解决学风问题的措施。

关键词：高职　学风问题　多维度

学风是学生学习目的、学习态度、学习纪律的综合反映，是学生学习、生活、纪律等多种综合风貌的集中体现。优良的学风是一种积极的氛围，可制约不良风气的滋生和蔓延，使处于其中的学生感到压力，产生紧迫感，起到鞭策作用；同时，它也是一种动力，为学生指明学习的方向，让学生能积极进取、努力向上，起到激励作用；它还是一种凝聚力，树立起一种优秀的品质，有利于培养学生的集体主义精神，起到统领作用。由此可见，学风对于世界观正在形成过程中的青年学生有着潜移默化的影响。与此同时，学风更是铸就学校优良校风的坚强防线，对学校的学习环境、知名度和美誉度都有重要的标识作用。

20 世纪 80 年代中后期，受市场经济和社会“全民经商潮”

的影响，高校出现了“教授卖馅饼、学生当经理”的现象，高校学风整体滑坡。20 世纪 90 年代至 21 世纪初，随着知识经济时代的到来，知识升值，学生刻苦学习，但就业压力和市场导向使不少学生热衷于“考证”和实用性知识的学习，而忽视基础知识的学习，高校学风良莠不齐。

与普通高校学生相比，高职学生具有以下特点：入学分数不高，生源质量差异大；自信心不足，心理不成熟；思想活跃，比较自我；理想信念缺失，学习动力不足；学习纪律观念淡薄，自我约束力差；协作意识不强，缺乏进取精神；等等。因此，高职院校的学风建设面临着严峻的挑战，切实提出改进高职院校学风的针对性措施具有迫切而重要的现实意义。

一、目前存在的学风问题

1. 学习动机

随着社会的发展，大学生学习动机呈现出多样化的发展趋势。有的学生有远大理想，学成后要报效社会；有的学生只想在毕业后获得一份好工作；有的学生对自己的专业有浓厚的兴趣，为实现自己的社会价值而学习；有的学生是迫于社会压力而学习；有的学生是因为使命感和责任感而勤奋读书；有的学生是因为争强好胜，虚荣心使然而读书。个人主义、拜金主义、享乐主义等不良思想入侵，浮躁、功利的“物本位”意识泛滥，共同构成大学生学习动机功利化的社会环境因素。

2. 学习方法

进入大学后，一小部分学生没能找到适合自己的有效的学习方法，在学习中遇到的问题得不到及时解决，学习效率不高，学习习惯不好。例如，一些学生课前没有预习需要学习的课程，课后又不巩固复习，学习跟不上教师的讲课进度，积累的问题越来越多，基础不牢固，学习越来越困难，如此恶性循环，最终导致丧失学习兴趣。

3. 学习行为

大学生学习行为欠缺合作性的表现有两种。当代大学生只有很少一部分在课后与教师、同学进行学习心得和经验交流。很多大学生希望有自己的空间，做自己喜欢的事情。这就造成大学生的合作交流和团队意识有一定程度的欠缺。

4. 学习态度

目前，高校中部分学生存在学习态度消极的现象，主要表现为：出勤率较低，课外作业完成质量低，“出工不出力”，上课注意力不集中，临考抱佛脚，考风不端，沉迷上网，精神萎靡，等等。

5. 学习目标

学生觉得考上大学是他们的奋斗目标，进入大学后，很多学生感到迷茫、空虚，进入“动力真空带”或“理想间歇期”。有些学生在父母包办就业的情况下缺少自我目标规划，有些缺乏正确的自我定位，盲目跟风。

二、我院对创建优良学风的多维度探索

1. 学生维度：求学学风建设

高校学风建设的主体是大学生。大学生的学习态度是否端正、学习动机是否明确与大学的学风建设息息相关。

杭州科技职业技术学院在新生刚入学时即开展专题始业教育，要求新生在大学生活伊始便进行大学生涯规划，明确学习目标——就业或者专升本。全面开展社会主义核心价值观教育，通过“社会主义核心价值观宣讲”活动，引导学生树立正确的理想信念和学习观，激发内在动机，全身心投入学习。

2. 辅导员维度：导学风气建设

辅导员是学风建设中的重要力量，辅导员以实施思想政治教育为抓手改善校园学风。

在平时工作中辅导员应以春风化雨、润物无声的方式感染和影响学生，抓住“首因效应”的影响，加强对大一新生的入学教育，以期获得良好的教育效果，提升学生成才的动力。通过组织社会实践、学术竞赛、文化体育等活动充分调动学生的学习热情，以丰富多彩的校园文化活动推进学风建设。

3. 教师维度：师德师风建设

教师的教学态度、教学能力、道德水平、治学精神潜移默化地影响学生的学习风气，教师的言传身教对学生产生巨大的影响，起到激励和鼓舞作用。

我院开展师德师风建设，制定《工商学院师德师风建设方案》及《工商学院师德师风考核评价标准》，从爱国守法、依法从教、为人师表、敬业爱生、教书育人、社会服务五个方面对教师进行培训及考核，建立了有效的激励和约束机制。

4. 管理者维度：督学风气建设

高校管理者在学风建设中起着关键性作用。高校管理者应建立健全各项规章制度，为优良学风保驾护航，端正考风考纪，以考风促学风，建立公平合理的奖惩制度，增强学生的诚信意识和纪律观念。

我院开展学风建设，制定《工商学院学风建设方案》，对课堂出勤、课堂氛围、作业完成、学习效果、获奖情况进行考查，督促学生全身心投入到课堂学习中，提高学习效率，获得学习中的积极体验。

参考文献

[1] 糜海燕. 高校学风建设问题的多维度思考 [J]. 当代教育实践与教学研究, 2017 (10): 236-237.

[2] 高竟玉. 高职学风建设的现状问题及其对策 [J]. 职教论坛, 2011 (29): 89-93.

[3] 江莉莉. 谈高职院校学风创建工作 [J]. 九江职业技术学院学报, 2017 (3): 70-71.

[4] 王瑾, 余志超, 张晓莹. 对我校学风建设的几点思考 [J]. 教育现代化, 2017 (35): 45-46.

[5] 赵琳. 高职院校学风建设存在的问题及对策 [J]. 教育探索, 2013 (10): 79-80.

[6] 李玉龙. 高职院校学风建设 [J]. 教育与职业, 2014 (12): 53-56.

中高职一体化衔接中学生管理工作的实践与思考

——以杭州科技职业技术学院为例

周婧旻　杨悦梅　袁炼红

摘　要：中高职一体化衔接是高职院校学生管理工作中的一个新课题。结合实际工作，分析了中高职一体化培养模式的优势、中高职一体化衔接中的学生特点，以及中高职一体化衔接中学生管理工作的现状，从提升认识、转变观念、改进方法、搭建平台等方面提出了创新中高职一体化衔接中学生管理工作的新思路。

关键词：高职教育　中高职一体化　学生管理

一、引言

在我国，中职毕业生升入高职一般有四种途径："五年一贯制"职业教育、五年制"3+2"职业教育、高职院校单考单招、高职院校"自主招生"。其中，前两种途径属于中高职一体化的形式。2011年，教育部颁发了《关于推进中等和高等职业教育协调发展的指导意见》（教职成〔2011〕9号），明确指出要注重中等和高等职业教育在培养目标、专业内涵、教学条件、教育教学管理等方面的延续与衔接，促进中等和高等职业教育协调发展。所以说，中高职一体化是我国职业教育重要的组成部分，是职业教育在我国摸索出的符合我国职教情况和特点的形式。

2012 年，浙江省教育厅印发的《浙江省推进中高职一体化人才培养模式改革工作方案》提出并通过“完善五年制‘3+2’职业教育”“启动实施‘五年一贯制’职业教育试点”等措施。此后，国务院在 2014 年 5 月将中高职一体化衔接问题在《国务院关于加快发展现代职业教育的决定》（国发〔2014〕19 号）中再次强调，“要推进中等和高等职业教育紧密衔接，发挥中等职业教育在职业教育中的基础性作用，发挥高等职业教育在优化高等教育结构中的重要作用。到 2020 年，形成具有中国特色、世界水平的现代职业教育体系”。自此，中高职一体化衔接成为打造现代职业教育体系的重要环节，起着举足轻重的作用。杭州科技职业技术学院应用电子技术专业在实践中针对培养目标、教学任务、内涵建设、学生管理等方面进行了全方位、立体式的衔接探索。作为学生管理工作衔接部分的亲历者之一，笔者在此记录下这次实践的一些阶段性成果，以及由此引发的思考。

二、中高职一体化衔接中学生管理工作的现状分析

（一）中高职一体化培养模式的优势

中高职一体化衔接是指中职和高职作为职业教育体系中两种不同层次的教育层次，在中高职一体化过程中统筹安排、分工合作，对人才培养目标、课程、教材、教学方式、教学条件、学生管理等进行系统性承接的过程。相比其他培养模式，这种模式的优势主要体现在两个方面：

从学生角度来看，中高职一体化对于学生系统地进行某一专业的学习更具有优势，避免了因为中高职“失联”而导致的课程

重复学习等问题。就高职院校的单招单考和自主招生来说，中高职一体化的学生能够在课程学习方面接受更加系统的教育，并遵循由易到难的原则，课程建设、技能教学、实训实习、学生管理都能一体化进行，实现教学内容无重复，使教学计划顺利执行，符合学生学习的规律。同时，这种教育模式的学习时间为五年，学习时间的缩短，在一定程度上减轻了学生家庭的经济负担，还能让学生有更多的时间在职业发展方面进行摸索。

从学校的角度来说，中职和高职在培养目标、教学设计、学生管理等方面容易出现因缺乏对话而导致的脱节现象，最具代表性的就是课程的重复。从这个角度来说，中高职一体化“可以使中高职无缝衔接，使培养目标、知识能力结构及教学各环节得以整体设计，使教学过程更具系统性、完整性和连续性，学生技能在深度和宽度方面都有拓展”。

（二）中高职一体化衔接中学生的特点

探索如何做好中高职一体化衔接中的学生管理工作，首先要对管理对象的特点有清楚的认识，并系统地分析他们的特点，在此基础上实现中高职一体化衔接学生管理方式的有机融合和合理过渡。

首先，学习动力不足是这类学生最明显的短板。中高职一体化的学生主要来自农村和市郊，学生及其家长对高等教育较为陌生，家长对于学生未来的期望是基于他们对当地社会现阶段的认知，“拿个大学文凭”“回来开个店”“做生意的帮手”是大多数家长的期望；同时由于大部分学生是独生子女，家长希望他们能在毕业后回到父母身边就业。受家庭和区域环境的影响，部分学生在认知上与家长趋同。此外，他们中大多数公共基础课差，是中考的失利者，同时也没有体验过为高考全力以赴拼搏的学习状态，学习对于他们来说可能是一件有压力的事情，所以学习信心不足，导致他们越来越没有学习动力。

其次，中高职一体化学生通常比较短视，对未来没有明确的规划。笔者从2012年开始以辅导员的身份管理中高职一体化的班级，同时也以“职业生涯规划与就业指导”任课教师的身份与这些学生进行过专门的对话。他们对个人未来的定位和发展缺乏规划，内心迷茫，不知道毕业以后何去何从，即便如此，他们在现实中仍然缺乏学习动力。这既是他们矛盾的地方，也是这个群体显著的特点。

最后，这些学生通常自我管理能力较弱，自我期望低。中高职一体化的学生在自我管理能力方面比较欠缺，因此上课迟到率较高、纪律差、学风差等问题相对于普高和单招单考进入高职的学生来说比较突出。周围的人对他们的期望和自我期望都比较低，导致部分学生以“破罐子破摔”的心态度过五年的学习生涯。

（三）中高职一体化衔接中学生管理工作的挑战

中高职一体化教育在我国大力推广是近几年的事情，仍处于摸索阶段，所以现阶段如何把中高职一体化衔接中的学生管理工作做好仍然面临着一些挑战。

首先，教育主体对学生管理工作的重视程度不够。教学工作是学校一切工作的核心，一切工作都要围绕教学工作展开。但是部分工作人员，甚至是学校领导，忽视了学生管理工作和教学工作间存在的内在联系。

其次，观念僵硬，以学生“不出事”为管理目标。学生管理工作不是进行危机处理，而是要更具有前瞻性和发展性，以能够促进学生专业发展和身心发展为目标创新学生管理工作方法。

再次，方法陈旧，不能适应新形势下90后学生的身心发展需求。在现阶段频繁进行教学改革的现状下，陈旧的管理方法已经不能适应新形势和新对象的需求。

最后，中高职间缺少相互联络的一体化平台。中职和高职间的联络因平台缺失并没有真正做到“一体化”，所以在实际沟通中存在信息不对称、信息沟通不畅等情况。

三、创新中高职一体化衔接中学生管理工作新思路

杭州科技职业技术学院应用电子技术专业通过五年的实践，提出中高职一体化衔接中的学生管理工作新思路。

（一）提升认识，进一步厘清学生管理工作和教学效果的关系

通过实践，我们认为，学生管理工作的衔接水平高可以有效提升教学衔接的效果，要把学生管理工作作为教学工作效果实现的重要保障来定位。杭州科技职业技术学院在进行中高职一体化建设之初就把学生管理设置为一个专项模块，采取多种措施保证管理效果。如转段阶段的学生，在企业实习过程中，对原有的中职岗位见习岗位进行梳理，完善基于校企合作企业集中实习的实施方案，完善校企共同实施企业实践教学指导、企业对学生实施过程管理和评价机制。此外，“双向辅导”作为另一个促进教学效果的学生管理工作办法，从学校开始进行中高职一体化建设之初就在实施，具体做法是同年级普高班的同学为中高职一体化的同学讲授英语和数学，中高职一体化的同学为普高班的同学讲授专业课。在备课、讲授、交流的过程中使两类学生的综合能力都得到提高。

（二）转变观念，遵从学生成长的规律，创设适合学生学习的软环境

中高职一体化衔接中的学生管理工作以促进学生成长成才为目标，以学生活动、学生竞赛为抓手，全员参与，全过程管理，

营造良好的学习生活氛围，努力推进中高职一体化衔接的进程。比如，始业教育从学生在中职阶段就读开始进行，一直持续到高职入学后。中职一年级，组织新生家长会，由专业负责人和已经升入高职的学长学姐代表进行宣讲，让该专业的同学和家长能够清楚地了解各专业学什么、未来做什么等他们关心的问题。中职二年级，继续引导学生，高职教师频繁深入中职院校与师生交流互动。中职三年级，组织学生提前到杭州科技职业技术学院进行参观，主要参观高职院校校园，以及相关专业的实训室、图书馆、教室、学生宿舍、食堂等学习生活场所，与高职学生交流，亲身体验高职院校的校园生活。此外，组织学生参加比赛也是一个重要的抓手。每年组织中职学校的学生参加杭州科技职业技术学院的电子创新设计大赛，选拔中职学校中专业突出的学生提前进入竞赛团队参加浙江省电子创新设计大赛。通过比赛培训和准备，有些参加比赛的中职生连续几年获得省级奖项，这给还在中职就读的学生起到了很好的榜样示范作用。

（三）改进方法，积极探索适合中高职一体化衔接现状的学生管理工作新方法

杭州科技职业技术学院秉承陶行知“爱满天下”的教育理念，将陶行知教育思想融入职业教育的实践中。在中高职一体化应用电子技术专业衔接的学生管理工作中，很多做法都是陶行知教育思想的具体化。如把陶行知先生的思想因地制宜地设计成老生带新生的一对一“老带新，传帮带”学长制。高年级学生在低年级学生入校之前就通过 QQ 等方式与他们进行交流，以一对一的方式对他们进行专业引导、生活解惑等，入校当天全权负责对应新生的引导和安排工作。入校后更是从“军训训练苦不苦”到“专业社团都学点什么”全方位地进行解惑和引导。这一方法的施行使得中高职一体化几个年级的学生相互都比较熟悉，高年级

优秀学生在低年级中的榜样效果得到凸显。还有一些蕴含陶行知“生利主义”思想的管理方法也取得了比较好的效果。比如通过校园开放日等活动邀请中职学生到高职校园参观、体验，提前接触高职、了解高职，激发他们的职业学习热情，启蒙他们的职业规划想法。2017 年 4 月 21 日，杭州市四所职业中学 200 名师生前来杭州科技职业技术学院参加信息大类专业校园开放日活动，通过参观，一些同学表示很期待高职阶段到杭州科技职业技术学院就读。

（四）搭建平台，运用好线上线下沟通平台保证学生管理工作的时效性

在进行中高职一体化衔接的过程中，搭建平台指的是搭建线上、线下两种平台。项目运行伊始，组织中高职院校举行项目启动会，明确项目建设目标，落实项目建设制度。每年暑假期间组织中高职一体化衔接会议，中高职合作院校的相关领导和教师在会议中对于前一阶段的工作进行沟通和总结，同时集中对学生的培养方案、培养目标、学生管理工作等进行梳理和对接。此外，线下的平台还包括学生管理工作人员通过实地走访的方式到对方院校了解学生的学风、学情等，优秀学长返校分享经验和收获等。在实际工作中学生管理人员互相添加微信、QQ，同时加入中高职衔接 QQ 群，能经常性地就学生管理工作的相关情况进行沟通交流。正是因为有了线上、线下双沟通平台的保证，学生管理工作才更具有时效性。

（本文系“杭州市产学对接中高职衔接示范建设专业”项目研究的阶段性成果）

参考文献

[1] 国务院关于加快发展现代职业教育的决定 [EB/OL]. 2014-06-22. http://www.jyb.cn/zyjy/zyjyxw/201406/t20140622_587161.html.

[2] 陈峰，陈宇. 中高职一体化教育教学管理模式研究——以浙江机电职业技术学院为例 [J]. 机械职业教育，2016 (6): 16-18.

就业创业教育

创新创业教育与专业教育有效融合路径分析

王 肖

摘 要：针对国内外高校创业教育与专业教育融合的现状，分析了产生弊端的原因，提出了创业教育与专业教育有效融合的方法路径：将创新创业教育的理念逐渐渗透到专业教育的全过程、加强创新创业学院与二级学院的融合、建立有层次的课程体系结构及科学的专创教育评价考核体系、创新自上而下的产学研融合模式，从而培养既懂专业知识又有一定创新创业能力的复合型人才。

关键词：创新创业教育 专业教育 教育评价体系 产学研一体化

一、国内外创业教育与专业教育融合现状分析

创新创业教育是目前国内外教育理论研究和教育实践探索的一个全新领域，各国政府和高等院校也相继在创业教育理论与实践方面展开卓有成效的研究探索，但随着社会对创新型人才的需求激增，创业教育需要融入教育全过程。创业教育主要培养学生的创新意识、创新精神和创业能力，提升学生的综合素质；专业

教育主要培养学生的专业技能和实践能力。只有把创业教育融入专业教育教学体系，形成从人才培养、人才素质结构到教学计划、课程设置、实践性教学活动等方面的新型培养体系，才能做到“面向全体学生”“融入人才培养全过程”。

以欧美为代表的国外高校创业教育起步较早，发展得很好，而且对创业教育的研究也走在世界前列。经过多年的发展，欧美国家已经建成多所创业型大学，如美国的麻省理工学院、斯坦福大学等。国内高校的创业教育还处于初级阶段，只是零散地进行创业教育活动而没有一个系统化的教育培养计划，创业教育与专业教育脱轨，创业教育被视为“补充教育”，主要依靠学生的个人兴趣和主动参与性，还未形成一个系统的有目标和方向的创业教育体系。

国内外对高校创业教育与专业教育融合问题的相关研究，主要体现在两个方面：一是高校创业教育与专业教育融合创新的必要性研究。George Solomon 认为，学校提供创业课程，可以培养学生的创业意识，发展学生的创业思维，鼓励学生的创业行为，这些课程包括创业学、风险资本、创业营销、新产品开发等。二是创业教育与专业教育融合创新思路方法研究。黄兆信和曾尔雷提出，融入高校现有人才培养体系，以绝大多数高校在校生为培养对象，以提升高校就业竞争力和创业能力为教育目标，是岗位创业教育的特征。以上研究成果比较丰富，为本项目研究提供了重要的借鉴和参考，但研究偏向定性研究的层面，从定量分析的角度，对高校创业教育与专业教育融合的系统研究较少。创业教育与专业教育脱节严重，形成专创“两张皮”现象。

二、创业教育与专业教育出现“两张皮”现象的原因分析

（一）创业教育与专业教育融合理念薄弱

目前，我国许多高校都将创业教育作为一种“补充教育”，没有真正形成系统的创业教育体系，创业教育与各学科专业教育脱轨。对学生的创业教育比较零散，缺乏指向性和系统性。这种理念和做法使得创业教育失去学科专业这一有力的支撑，辐射范围和所达到的效果差强人意。很多高校仅仅把创业教育作为面临严峻就业形势时指导就业的一小部分内容，实施过程充满应付就业政策的意味。

（二）创业教育的影响范围不够广

创业教育主要局限在一些具有较高创业热情的学生层面，更多关注的还是精英团队，缺乏对广大学子的引导和培养。例如，我国举办的各类创业计划大赛，学校设立的各种创业实践机构，主要还是“精英”的天下，有些同学想参加却有心无力。这使得高校难以建立良好的创业环境，营造出整体的学习与实践创业气氛，以促使人人参与，普及创业教育。

（三）创业教育对大学生创新意识的培养不够

目前部分大学只开设了创业教育基本通识课程，如“创业基础”等，致使学生不能根据自身的特点进行创业学习与实践，空有高涨的创业热情，却很难脚踏实地，有步骤、有针对性地提高自身所应该具备的综合素质，最终导致创业理想化为泡影。

（四）创业教育尚未形成完善的社会体系和教学研究体系

我国对学生的创业教育从大学才开始，而西方国家从小学即开始创业教育，使学生生涯始终贯穿着创业的热情和知识，并逐步形成创业技能。我国许多高校对大学生创业教育流于形式，为

了开展而开展，缺乏深度，很大一部分同学的创业热情被各种限制条件浇灭。也就是说，现阶段我国创业教育的社会体系和教学研究体系都不够健全。

三、创业教育与专业教育有效融合路径

（一）创新创业教育的理念逐渐渗透到专业教育的全过程

创业教育之所以受到高校和政府部门的重视，主要还是为了缓解大学生的就业压力，并没有真正将创业教育提到足够的战略高度。各高校的创业教育主要也是以知识传授为主，缺乏足够的社会实践机会和发展空间。

要将创业教育与专业教育深度融合，需要先从理念上进行渗透。从高等院校差异化发展需求、受教育者的素质提升需求、用人单位的内部创业人才需求出发，探索建立全程渗透的专创教育体系，将创业教育与专业教育进行有机融合，增强学生创新意识，提高学生创业能力，培养创业精神。

（二）加强创业学院与二级学院的融合

创新创业教育本质上还是素质教育，国家希望以此为突破口，进一步促进高教领域体制机制的深化改革，从而实现人才供给侧改革。同时，创新创业教育不能简单地理解为创业教育或创业实践，而是应与学科专业深度融合，拓展创新思维、增加实践机会、提升综合素质，培育大学生善于发现问题并解决问题的能力，以更好地面对未来，最终实现大学生毕业就业后无论是从事科研还是创业，或者是普通工作岗位，都能从容应对。

创业学院与专业学院共同履行创新创业教育教学与实践的职责，如课程体系建设，课程规划、设计、开发，师资培养，完善学校创新创业生态设计，提出创新创业教育教学与专业教学工作的发展规划。高校的创新创业学院和二级学院共同作为创新创业

教育的教学部门，完成创新创业基础教学工作，二级学院应积极引导学生进行创业意识培养，鼓励学生参加各类创业大赛，指导学生在专业基础上进行创业。

（三）优化师资、学资，建立有层次的课程体系结构

教师运用创新创业理念开展教育教学工作，根据专业特性，创新教学方法、教学手段、教学目标。专创教育应该注重培养创业者的综合素质。因此高校的课程设置应该有一定的系统性和全面性，要将专业课程与创业课程结合，对学生进行全面而系统的专创知识教育，提高学生的综合能力及素质。

高校要提升育人质量，创新创业教育不能浮于表面的传统教育模式，应该挖掘其中的深层次内涵，将其贯穿到学生专业学习的整个过程，制定明确、具体的培养目标，结合学生专业差异性，循序渐进，形成教育课程、专业课程、创业课程相辅相成的课程体系。课程内容应该将多门学科及各类知识进行优化整合，形成系统的专创知识教育体系。重构课程体系，重设教学活动，以便适应学与教方式变革和教育供给方式的转型。例如，电子商务专业课设立专业基础课程、就业能力课程、创业能力课程等。

（四）根据专业差异性，建立科学的专创教育评价考核体系

评价体系建设不仅要注重全面、客观，还要根据不同学院不同专业的特点，建立差异化的评价体系，从而进行合理的评估并引导高校健康持续地发展。

例如，信息工程学院计算机信息管理专业课程设置主要以市场为导向，在课程开设上也会根据市场变化及时调整，课程内容需要针对工作岗位的变化、技能要求的变动不断完善。教师在创新创业教育上更加注重市场应用性和行业优化性，突出创新创业教育与公共基础课、专业课的融合。创新创业教育的目的不仅要培养优秀的企业家，还要让普通的工作者在平凡的岗位上开展开

创性工作。同时，在评价专创教育时，评价体系中“教育输出”的设定，不仅要用“校企合作成果”来衡量，也需要加入学生综合能力考核、企业评价等。

（五）建立专创一体化实践体系，创新自上而下的产学研融合模式

随着产学研一体化的发展，高校的教育教学研究与社会生产的联系越来越紧密，高校的教育与研究成果为社会经济的发展起到促进作用。越来越多的高校注重于做好产学研一体化模式创新。目前，比较成功的有上海立信会计学院、浙江商业学院、浙江万里学院、浙江树人大学。现在业界流行新工科，推广产教融合2.0模式，大企业很愿意与高校进行专业对接融合，合作内容包括挂牌、认证、联合招生、创业服务等，如华为的ICT学院、阿里巴巴的云大学、腾讯的公益大学等。产学研一体化的对接模式，适应时代与经济发展的需求，高校的专创教育体系应重视其构建，从而促进产学研一体化综合教育体系的发展。

四、结语

创业教育只有与专业教育有效融合，才能发挥其育人功能。因此，高校专创教育的开展，首先要从理念上进行创新，加强创业学院与二级学院的融合，同时课程设置要合理，建立分层次的课程结构体系及教育考核评价体系，注重产学研模式的创新，从而培养具备较强创业精神和创业潜力的高层次人才。

参考文献

［1］钱骏．高校创新创业教育与专业教育的互动融合模式研究［J］．教育探索，2016（11）：84－87．

［2］赵光峰．专业教育中嵌入创新创业教育：原则、模式与机制［J］．继续教育研究，2016（2）：16－18．

［3］刘艳，闫国栋，孟威，等．创新创业教育与专业教育的深度融合［J］．中国大学教学，2014（11）：35－37．

［4］黄兆信，曲小远，施永川，等．以岗位创业为导向的高校创业教育新模式——以温州大学为例［J］．高等教育研究，2014（8）：87－91．

［5］梅伟惠．创业人才培养新视域：全校性创业教育理论与实践［J］．教育研究，2012，33（6）：144－149．

［6］武世兴，杨亚鸿．美国高校的创业教育：考夫曼创业基金会关于美国高校创业教育研究报告［J］．中国大学教学，2011（4）：88－92．

［7］崔红艳．高师院校创业教育与专业教育融合的思考［J］．黑龙江高教研究，2013（6）：96－98．

［8］李文涛．地方工科高校创业教育体系建设对策分析［J］．江苏高教，2016（1）：105－107．

［9］王丹，郝连明．谈构建高校创业教育体系［J］．中国成人教育，2016（1）：67－71．

高职院校新生职业生涯规划教育创新研究

刘奂婷

摘　要：职业生涯规划课程已经成为大学必修课程，越来越多的大学在新生入学后为其开设职业生涯规划课程，基于此阐述了职业生涯规划课程的定义、为新生开设职业生涯规划课程的意义，以及对职业生涯规划教育的创新研究的具体做法。

关键词：高职院校　职业生涯规划　新生　创新

大一新生自进入高职的那一天起，就应学会适应高职生活方式、高职教育模式，适应从高中生或中职生到高职生的角色转变，并要做好大学毕业进入社会的准备。为了帮助新生正确地认识自己，对自己的未来有一个较好的规划，高职院校开设了职业生涯规划的相关课程。在我国职业生涯规划课程开设相对较晚，职业生涯规划的教学模式还有待创新。

职业生涯规划是指在对个人职业生涯的主客观条件进行测定、分析、总结的基础上，对自己的兴趣、爱好、能力、特点进行综合分析与权衡，确定最佳的职业奋斗目标，并为实现这一目标做出行之有效的安排。

一、为新生开设职业生涯规划课程的重要性

学校开设职业生涯规划课程的目的就是让学生正确地了解自己，以正确的态度认识社会，以健康的心理承受现实的就业压力，给人生与职业设立目标，使自己对未来充满希望和向往。此外还可以提高学生的综合素质和能力，让学生对学习产生积极的态度，使学生具有强大的就业竞争力，将学生培养成可以适应社会的综合型人才。

学生刚进入高职时，由于刚离开父母，无法马上适应从高中生或中职生到高职生的转换，还有来自社会的就业压力，这些因素会对学生的心理产生不良的影响，使他们的学习目标不明确，对自己人生的规划产生错位或定位不清。为防止此类现象的发生，学校应为新生开设职业生涯规划课程，帮助学生合理地规划、利用在校时间，让学生觉得学校的生活充实又多彩，心态就会变得积极向上。教师应为学生树立明确的学习目标，有了目标就自然会有兴趣和动力，从而可以提高学习的积极性。职业生涯规划课程还可以使学生了解社会人才需求的现状和企业对人才的需求，根据这些信息调整学习方式，学生在毕业后按照职业生涯规划便可顺利找到工作。

新入学的学生很容易受到外界环境的影响，被社会上一些不良现象所影响，并且对职业产生偏见，不能以正确的态度和心理面对社会上的诱惑。如果带着这种心理和态度进入社会，那么他们就会增加社会负担，所以需要培养入学新生适应社会的能力。在学校，职业生涯规划课程就是一个很好的途径。通过职业生涯规划课程可以让学生了解社会环境，毕业后以健康的心态来面对工作上的不如意。所以，在新生入学期间对其进行职业生涯规划教育可以让学生积累社会经验，增强适应社会的能力。

职业生涯规划教育可以帮助新生了解自己的专业前景和专业的发展方向，使他们知道学校是为了帮助他们更好地适应社会而开设职业生涯规划课程，因而对学习产生积极的兴趣，学校的教学质量也会有明显的提升，所以职业生涯规划教育可以间接地提升教学质量。

二、对职业生涯规划教育的创新研究

要想使职业生涯规划发挥其最大效用，就要对职业生涯规划教育进行不断的全面的创新，对职业生涯规划的课程设置、课程内容和课程模式进行创新。

（一）改变传统的职业生涯规划教学思想，增加教学实践活动

要想对职业生涯规划教育进行创新，首先要改变其教育思想，因为传统的教育思想已经不能满足当下的教育发展形势，不能满足学生的需求。对于职业生涯规划教育的课程来说，教师不能只讲解书本知识，要根据不同的专业结合情境进行教学，采取与教学实践相结合的措施。例如可以运用教师提供题目，学生根据自己的想法进行解答的教学模式，这样学生不仅能在课堂教学中得到快乐，还可以充分理解题目本身的意义。也可以在新生的职业生涯规划教学中加入模拟情境，如教师在上课过程中模拟面试流程，让学生体会面试的过程，这样学生就会知道在面试的过程中要注意哪些细节，要准备什么。通过以上教学活动，新生可以更快地适应大学的教学模式。所以，教师和学校要改变传统的教学思想，增加教学实践活动。

（二）在新生职业生涯规划课程中引入案例教学的模式

职业生涯规划课程与实践分不开，怎样才能更好地将社会现象、社会环境、社会对人才的需求和要求以最真实的方式告诉学

生呢？解决这一问题的办法就是在职业生涯规划的教学中引入案例教学的模式。

引入案例教学模式的意义有三：① 有利于理论与实践的结合。职业生涯规划课程教学从教学大纲的角度来看，偏重理论。学校为使学生加深对所学知识的理解，可采取案例教学的方法。案例教学是指教师根据教学大纲和教学内容，选取合适的案例帮助学生进行理解。学生通过参与案例讨论加深对教师所讲内容的理解，这样就做到了理论与实践的完美结合。② 有利于实现从以教学为中心到以自学为中心的转变。案例教学可以让学生自己解决案例中的问题，从而间接提高学生自己解决问题的能力。③ 有利于改变原有教学模式的单一性。案例教学的方式具有综合性，包括自主学习、课堂练习、作业练习、情景模拟等教学方法。利用这种综合性的教学方法不仅能达到教学目标，还可以对学生进行全面的培养和引导。在进行职业生涯规划教育时，教师还可以借助信息技术和多媒体技术来讲解职业生涯规划课程的内容。

（三）改变学生的就业观念

职业生涯规划课程的教学效果最终是要拿到社会中进行实践的。职业生涯规划实践成功的标准有很多，其中一项就是学生的就业。就业压力大的思想从新生入学就被灌输到他们的大脑中，所以学校要改变学生的就业观念。有些人认为大学生就业难的问题起源于高校扩招，生源扩大，大学毕业生的竞争压力增大，社会可以提供的工作机会却没有增加。但社会的就业压力与学校的扩招没有直接联系，真正的原因在于企业受自身条件的限制，对人力资源和人员需求不明确。此外，大学生的就业观念较落后，有些学生觉得以自己的学历不应该做当前的工作，应该从事更好的工作，还有些学生更向往大城市的生活。综上所述，大学生就业难的问题就产生了。针对此现状，高职院校应该加强职业生涯规划教育，在职业生涯规划课程中改变学生的就业思想，通过职业生涯规划教育促进大学生就业。

（四）以可雇佣性为前提的职业生涯规划教育

教师在对新生讲解职业生涯规划教育课程内容时要以提高学生可雇佣性为前提。可雇佣性是指学生要有就业能力和持续就业的能力。职业生涯规划课程就是为了帮助学生成功就业，根据学生的职业规划找到合适的工作。教师在讲解职业生涯规划课程前，要收集大量的、最新的与学生专业相关的信息，引导学生及时根据信息进行自我调节。同时还要关注学生的心态变化，当学生出现不良状态或心理变化时，教师要给予正确的指导。在信息时代，信息是不断变化的，有时一些信息会让学生产生消极思想，如果这种思想不及时纠正，学生走上工作岗位就会承受不住压力，频繁更换工作，没有可持续的就业能力，其职业生涯规划就会被打乱。

（五）建立职业测评系统

学生在高职生活中，会遇到很多事情，有些事情会对他们的心态和心理产生不良影响，甚至对价值观、人生观等造成影响。为了让学生正确了解自己的状态、心理变化和人生价值，学校应建立一套权威的职业测评系统。学校可以建立两类职业测评系统：一是根据学生所学的专业建立职业测评系统；二是创建一个综合性的职业测评系统。学校要分阶段对学生进行职业测评，收集、整理、分析测评结果，进而了解学生的思想变化，对测评结果变化较大的同学，应分析变化的原因，及时进行正确的引导，使其以正确的价值观、人生观，以及健康的、积极的心态来面对今后的工作，对自己的职业生涯有一个正确的规划。

三、结语

为了使高职院校对新生的职业生涯规划课程发挥出更大的作用，更好地为社会培养有综合素质的综合性人才，需要对职业生涯规划教育的教学内容、教学模式进行创新。通过创新职业生涯规划的教学思想、引入案例教学、培养就业观念、以可雇佣性为前提进行职业生涯规划教育并建立职业测评体系等创新职业生涯规划教育途径，使新生更好地适应大学的生活，以积极的态度、正确的思想、健康的心理和更好的人生规划适应社会，为社会做出自己的贡献。

参考文献

[1] 龙立荣，李晔．职业辅导思想的历史嬗变——从职业指导到生涯辅导［J］．华中师范大学学报，2001（11）：52－53.

[2] 高香，赵志玲，王振．浅谈职业生涯规划在大学生就业指导工作中的作用［J］．河北广播电视大学学报，2007，12（5）：84－85.

[3] 杜生民．论职业生涯规划在大学生就业指导工作中的作用［J］．成都电子机械高等专科学校学报，2007，10（2）：55－58.

[4] 蒋嵘涛．大学生职业生涯规划与高等教育人才培养模式改革的思考［J］．湘潭大学学报（哲学社会科学版），2004，28（3）：139－142.

[5] 赵素云，赵志川．准确定位：大学生职业生涯规划的基础和关键［J］．中国成人教育，2004（5）：89－91.

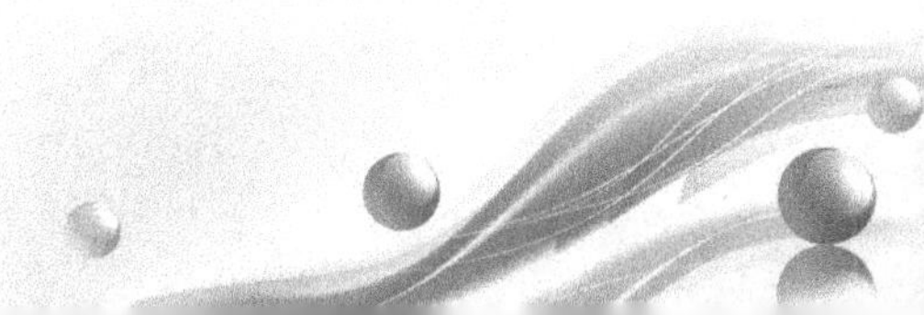

高职学生创业社团财务管理问题及对策

徐永刚

摘　要：通过对高职院校大学生创业社团财务管理现状、存在的问题进行认真分析，根据实际情况，提出了诸如创业社团财务外包、成立学校层面的会计集中核算中心、建立学校层面的统一财务管理制度等解决措施，以此改善大学生创业社团的财务管理状况，规避创业社团的财务风险，加强可持续发展，提高大学生创业成功率。

关键词：创业社团　财务管理　会计

近年来，随着高职院校素质教育改革的不断推进，高等教育从精英化向大众化转变，就业形势越来越严峻，大学生就业每年都是公众关注的焦点问题。2015 年 3 月，国务院总理李克强在政府工作报告中指出："着力促进创业就业。坚持就业优先，以创业带动就业。"在高职院校中大力开展创新创业就业教育，扶持大学生创业创新社团的发展，已成为高职院校提高大学生创新创业能力、提高就业率的途径之一。

一、高职院校大学生创业社团发展概况

大学生创业社团模式是高职院校实施创新创业教育比较有效

的一种组织形式。高职院校学生在创业过程中，由若干人组建创业社团，学校支持场地、市场、资金、政策等，在校内或校外向社会开展创业实践活动。创业社团不同于其他学生竞赛、文艺、学术等社团，它具有营利性。

一般来讲，创业社团按照企业实体经营模式，开展一些针对校内或校外的经营活动，事先设定阶段性盈利目标，确认内部经济利益分配原则；同时通过具体的社团经营活动，锻炼自己的实践能力，在实践中学习管理、营销、沟通、决策等，提高创新创业能力。

在实践中，很多创业型社团在真实的创业中，特别是在创业目标的设定、核心团队的组建、组织机构的构建、员工的招聘、内部成员培训与管理、绩效考核和内部奖励，在市场调研、业务流程、产品供应、营销报道、销售渠道优化、成本控制、财务管理、亏损分担等方面，都按照实际企业经营或管理的模式运作。

二、高职院校大学生创业社团财务管理存在的问题

根据调研和分析，高职院校大学生创业社团财务管理基础相当薄弱。其中存在的问题主要有以下几方面：

（一）创业社团大学生财务管理观念不足

创业社团往往由几个同专业的大学生组成，缺乏财务相关专业大学生参与。一般创业社团的财务由几个核心成员控制，财务管理存在较大的随意性，很少能清晰地认识到财务管理的功能，很多项目成本支出和投资由核心成员凭感觉做出决策，支出和投资风险没有进行有效分析，忽视了财务管理的重要性，没有发挥财务管理应有的计划、决策、控制等作用，大大制约了创业社团的发展。

（二）创业社团成本和资金管理意识缺乏

学校通过创业辅导和培训，使得创业学生初步了解了成本费用、收入等基本知识，但在实际工作中，他们并不能很好地将其运用到市场运作中。在创业过程中，产品、商品和服务的成本控制不够，缺乏整体成本意识，特别是人工成本和学校给予的优惠政策的潜在成本很少被考虑到。一般来讲，创业中必须考虑以下因素：房租费、装修费、设备费、水电费、通信费、交通费、市场营销费、税收、核心成员和雇员的人工成本费、产品或商品积压资金的机会成本、其他未知成本等。而这期间，创业大学生在成本控制中很少考虑周全，特别是产品或服务定价方面，有一些成本因素未考虑在内，单个商品或服务定价不科学，导致最终的利润控制产生问题。社团发展中往往重视规模，盲目扩张和开拓市场，在产品或商品积压、大额现金支出、固定资产投资、现金流风险等方面缺乏风险管理。

（三）创业社团内部财务制度缺失

不管是企业还是创业社团，作为一个组织，内部应有相应的财务管理制度、基本决策制度等。在大学生创业社团里，核心成员集管理者、实施者、操作者等于一身，相对来讲，缺乏财务管理和内部控制知识，没有意识到财务制度对于创业社团财务规范管理的重要作用。现实中，财务制度一般取决于创业社团的管理者，财务支出比较随意，很难建立起适合创业社团的财务内部控制制度，使得创业社团处于无财务制度运行环境，从而影响社团的发展。

（四）财务专业人员和财务核算工作基本空白

高职院校大学生创业社团核心成员往往是几个志同道合的同学。在实践中，由于成本问题，社团成员经常一人多岗，身兼数职，岗位分工不明确，工作职责时常变动。而社团基本上没有考虑请财务专业人员来做账，而是指定一个核心成员管理资金进出和账簿。社团可能出现成员既是销售人员又是仓库保管员，既是会计又是出纳的现象，缺少相互之间的监督和制约。创业社团会计身份的核心成员往往不懂财务知识，社团缺乏完备的经济业务记录，仅有资金进出的流水账，停留在记账、算账的层面，没有形成有效规范的会计信息。薄弱的会计基础工作使不少创业社团的财务管理活动仅限于资金进出记录或货物进出记录，原始会计凭证资料不全，没有妥善保存，个别社团没有编制规范的会计报表，不能很好地为创业社团决策服务，很难提供有效的财务信息。

（五）资金筹集渠道单一

大学生创业社团资金来源渠道单一，一般来源于团队核心成员投入，而核心成员资金一般来源于家庭资助、兼职收入等，在资金不足的时候，还需要向亲朋好友临时信用借贷。由于缺乏科学决策及非公司化，社团无法取得社会的融资。

（六）学校指导和管理缺乏

在高职院校大学生创业社团的实际运行中，学校往往重视创业社团的设立管理，而忽视对创业社团的财务运行管理。同时，学校不重视对创业社团的核心成员进行财务专业培训，缺乏对创业社团的资金进出、资产形成、各类收入和支出、资金分配进行规范和管理。个别学校有相关制度，但也没有配备相应的执行检查和监督管理。

三、高职院校大学生创业社团财务管理问题的对策

（一）加强对财务管理和财务知识的学习

创业社团要发展，必须树立财务管理理念，提高对财务管理重要性的认识，提高社团管理者的财务素质。团队核心成员对财

务管理是否重视，直接影响创业社团财务管理的规范性和有效性。因此，社团核心成员应进一步加强对法律、财务管理知识等的业务学习。同时，提升社团中负责财务业务成员的专业水平，发挥财务应有的作用，为社团决策提供参考。

（二）加强创业社团核心成员团队建设

健全的内部治理结构是实施创业社团财务规范性管理的基础和前提。创业社团核心成员往往占据了社团内部的关键岗位，履行关键职责。创业社团可以参考企业运作模式，根据成员占有的股份，成立股东会或董事会，选举董事长，确认运营经理，明确董事会和运营经理之间的责权利，重大事项或大额支出必须投票表决，充分发挥现代公司治理制度在高职大学生创业社团运行中的作用。这样可以避免任人唯亲，使决策更加科学规范，并加强对日常成本开支和项目管理等的财务约束和控制。

（三）加强创业社团成本控制和资金管理

大学生创业社团在市场操作时，有时候对成本考虑不全，导致盈亏不平衡。应在创业准备和实施时，全过程贯彻成本控制意识，提高生存能力和社团盈利能力。在日常成本控制中，必须“开源节流”，尽可能增加各类收入。支出方面，学会做全面预算管理，对重大项目开支必须慎重考虑，控制人工费、办公费等不必要的开支；利用学校给予的优惠政策，如学校提供办公场所、办公设备、水电等，减少固定资产的固定成本，以及不必要的损失和资源浪费，用较少的费用和支出完成预定的目标。在产品或原材料采购中，通过各种方法，压缩采购成本。在雇员管理方面，尽量利用学校对勤工助学的补助政策，让贫困大学生在创业社团打工，压缩社团的人工成本。现金是创业社团流动性最强的一项资产，容易被挤占、挪用。必须定期对账，设置会计和出纳两个岗位，职责分工明确，不相容岗位分离。同时加强存货管理，及时记录存货出入库，定期或不定期进行盘点。

（四）建立创业社团内部财务控制制度

创业社团在面向市场时，应逐步建立内部财务管理规定，按企业财务管理模式，对做账和资金保管应按照不相容职务相分离原则设置，细化岗位职责，明确资金支付审批程序、货物进出管理、会计核算基本流程等。应形成书面规定，做好业务流程、审批程序、岗位设置等基本财务管理制度，对所有人增强约束，涵盖内部管理的各个环节，做到有章必依，防范社团内部财务风险。

（五）加强会计业务规范化建设

财务管理模式应适应创业社团的规模和发展阶段。创业社团的规模和发展阶段决定了创业社团应该采取的财务管理方式。创业社团核心成员应做更重要的事情，具体会计业务可以实施财务外包，聘请学校里会计专业的在读学生进行账务处理，将自己从日常事务中解脱出来。要求相关人员按照简要和规范的要求进行账务处理，采用信息化系统，减少不必要的环节，并根据社团发展情况，出具成本报表、利润报表、资产报表等，做好相应的收支分析报告。报告应尽量反映创业社团日常运营的成果，数据可以进行纵向和横向比较，满足核心成员对财务数据的需要。

（六）加强多渠道筹集资金

在创业过程中，高职院校学生创业资金除了家长和学生自身积累的资金以外，应加强多渠道资金筹集。多参加各类校内外创业竞赛，扩大知名度，减少资金支出，增加资金收入。要充分利用国家对大学生自主创业的优惠贷款政策和财政扶持政策，如部分高校为创业社团提供资金支持。充分利用商业信用，如不要在材料交付时使用现金，并争取获得更长的信用期，这相当于获得了无息贷款。取得固定资产或设备可以通过租赁或购买二手货等方式。租金支付可采用分期付款模式。核心成员的工资不进行现金支付，可采用名义增加资本。创业社团发展到一定阶段，可以考虑吸引风险投资者投入。

（七）学校应积极予以政策扶持

学校应积极建立并完善创业社团管理体制，尤其是从学校层面建立财务管理体系，让制度流程和规范成为创业社团财务管理的规范性标准。学校可成立关于创业社团的会计集中核算中心，利用学校的会计专业在读学生对创业社团的日常财务运行进行规范管理。学校可积极推荐懂财务理论和实践的创业指导教师参与和指导创业社团的日常财务管理。学校应积极搭建沟通交流平台，优化创业社团指导教师的结构，引进校外兼职教师。曾经创业的校友、退休的职业人、成功的企业家、政府主管企业的官员等有一定的管理理论修养、实际管理经验、创业远见和勇气，可与校内专任指导教师互补合作，共同带动创业社团的发展。学生日常应加强社团资金使用的监督检查，防范和降低风险，提高创业社团规避风险的能力。

四、结语

财务管理是高校学生社团管理的基础性工作。在创业社团日常运行中，规范、合理、科学地做好财务管理工作，对创业大学生来说充满了机遇和挑战，也将为创业社团未来发展壮大奠定良好的基础。这要求创业社团的核心成员重视财务管理工作，并持续地改进这项工作，从而使财务管理为创业社团可持续发展提供保障。

参考文献

[1] 骆婷婷，陈文蕾，郝福锦，等．高职院校创业型社团企业化运作的实践探索［J］．常州信息职业技术学院学报，2013（1）：84－87.

[2] 黄阿梅．浅析大学生创业社团生存现状［J］．中小企业管理与科技（下旬刊），2014（9）：246－274.

[3] 钱东红．大学生自主创业财务风险防范对策研究［J］．财会通讯，2012（5）：142－143.

[4] 赵晗．大学生创业财务管理问题及对策［J］．科技信息，2013（24）：73.

[5] 杨凯洪，李鹏，李辰光．创业企业财务管理的规范化研究［J］．中国经贸导刊，2010（5）：55.

[6] 梁俊杰．论财务管理在大学生创业企业中的重要性［J］．大学教育，2013（22）：118－119.

[7] 隋艳，武云飞．高校社团的财务管理问题分析［J］．中国乡镇企业会计，2016（4）：140－141.

[8] 黄逸民，万宇琦，赵蕾，等．关于高校学生社团组织财务工作的调查研究［J］．现代经济信息，2016（22）：163－164.

[9] 隋艳，武云飞．大学生社团的财务管理问题及解决途径研究［J］．中国乡镇企业会计，2016（6）：129－130.

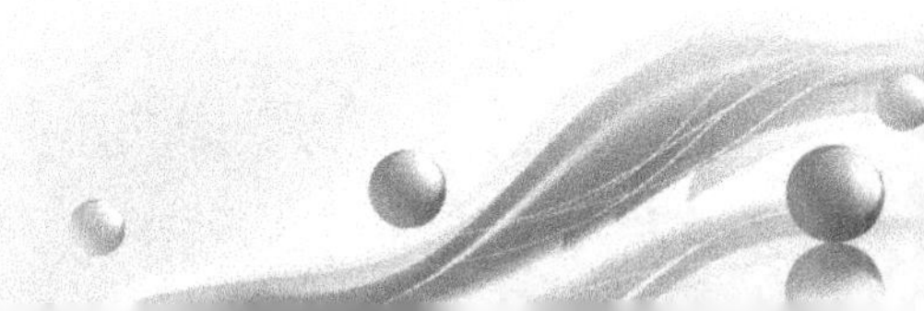